HISTORIA DEL
CARMEN
DESCALZO

ÓSCAR I. APARICIO AHEDO, OCD

# LA BEATA ANA DE JESÚS

TRAS LA ESTELA DE
## SANTA TERESA DE JESÚS
Y SAN JUAN DE LA CRUZ

FONTE
GRUPO EDITORIAL

EDITORIAL
MONTE CARMELO

© 2024 by Óscar I. Aparicio Ahedo
© 2024 by Grupo Editorial Fonte
P. del Empecinado, 1; Apdo. 19 – 09080 – Burgos
Tfno.: 947 25 60 61

www.montecarmelo.com
www.grupoeditorialfonte.com
editorial@grupoeditorialfonte.com

ISBN: 978-84-10023-55-0
Depósito Legal: BU 312-2024

Impresión y Encuadernación:
Grupo Editorial Fonte – Burgos
Impreso en España. Printed in Spain

Imagenes cedidas por la revista *Teresa de Jesús*

Diseño portada: *German Delgado*

*A I. Marta Aparicio Ahedo (1976-2023),*
*mi hermana, in memoriam*

# ÍNDICE

## Nota del Editor

Esta biografía: *La beata Ana de Jesús. Tras la estela de santa Teresa de Jesús y san Juan de la Cruz*, es el primer estudio que aparece en la Nueva Colección que hemos creado: HCD. Es el acrónimo de la monumental obra, cuyo autor es el P. Silverio de Santa Teresa, que lleva el título abreviado de: *Historia del Carmen Descalzo*. En esta colección queremos ir editando todas aquellas monografías que tienen como objetivo principal la historia de los Carmelitas Descalzos. Muchas de estas obras, editadas bajo el sello del Grupo Editorial Fonte, han quedado siempre dentro del llamativo título: Fuera de colección. Con la creación de la colección HCD queremos paliar esta laguna. Pensamos que en esta colección deben entrar las monografías que diserten sobre la historia de conventos y monasterios, biografías de frailes y monjas, estudios de diversos temas históricos. Esperemos que la HCD cumpla el cometido con el que ha nacido.

HISTORIA DEL
CARMEN
DESCALZO

# PRESENTACIÓN

Este libro surge tras una llamada de teléfono de una carmelita descalza, de un monasterio de cuyo nombre no quiero acordarme. En ella me piden libros sobre la futura beata Ana de Jesús. Les digo que en nuestro Grupo Editorial Fonte sólo tenemos dentro de la colección de la Biblioteca Mística Carmelitana, BMC, en el volumen 29, el que lleva por título: *Ana de Jesús. Escritos y Documentos*. Edición preparada por Antonio Fortes y Restituto Palmero, Monte Carmelo, Burgos, 1996. No hay nada más. Quedo con las hermanas que les enviaré, gratis, uno de los seis libros que quedan en depósito. Unos días antes había recibido unas anotaciones o aclaraciones, que un fraile escribía, sobre uno de los últimos estudios realizados sobre Ana de Jesús. Estos dos hechos hicieron que pusiera manos al teclado y ojos a los diversos estudios que sobre la Madre Ana se habían escrito a lo largo de la historia y que cito en la breve bibliografía de este estudio, basándome especialmente en el estudio que fue editado en nuestra editorial.

Al escribir esta biografía he tratado que sea la beata Ana de Jesús la que nos muestre su vida. He introducido los textos, en algunos casos los he matizado, pero he dejado que sea ella la que escriba, más o menos, su autobiografía. Y lo he hecho utilizando los escritos que ella produjo. También he introducido documentos, no íntegros, sino de forma parcial para que la biografía no fuera muy pesada. He colocado enteramente, la *Carta Terrible* de santa

Teresa a Ana de Jesús, el *Prólogo del Cántico Espiritual* de san Juan de la Cruz y la visión que de Ana de Jesús tuvo santa Teresa del Niño Jesús (Lisieux). A los dos primeros textos he añadido unas breves introducciones y he subrayado y puesto en negrita lo que he creído más importante. Los tres santos del Carmelo nos revelan a Ana de Jesús. La santa corrigiendo su comportamiento. El santo dedicándole una de las obras cumbres de la mística de todos los tiempos. Y la santita, así tildamos a Teresa de Lisieux los Carmelitas Descalzos, mostrando la visión en gloria que tuvo de ella en su vida terrenal. Visión muy terrenal la de la santa de Ávila, visión en camino al cielo la del santo de Fontiveros y visión en Gloria la de la santa de Lisieux.

Es la primera biografía que hago como historiador. Siempre me ha gustado dejar hablar a los documentos. No hacer una paráfrasis de ellos, como muchos hacen. Yo prefiero introducir los documentos y meter en el texto lo que ellos nos dicen, es por ello que mis palabras, que son menos importantes, y las de los documentos tienen el mismo tamaño, aunque bien sé que no debiera ser así, pero asumo el riesgo de hacerlo de esta manera. El motivo es que cuando un lector, no todos pero sí muchos, ve un texto más pequeño suele saltarlo… Y estoy convencido que lo que yo escribo y lo que nos dicen los documentos está a la misma altura. En este caso, sin duda, la altura de lo que escribe la Beata está muy por encima de lo que yo redacto.

Desde niño me tildaron de ser muy conciso en las respuestas que daba en los exámenes. Siempre he creído que lo breve y bueno es dos veces bueno. En este caso la buena es la beata Ana de Jesús, pero yo la presento desde toda la brevedad que me ha sido posible.

Estamos ante una de las grandes figuras del Carmelo. Hija predilecta de santa Teresa de Jesús y de san Juan de la Cruz, pocas figuras han tenido este honor. Espero que estas páginas escritas con mucho amor sirvan para conocer la vida de la beata Ana de Jesús. Su vida es un ejemplo para todos nosotros. Vida que tiene muchos aciertos y también, por qué no decirlo, algún que otro error. De los fallos también se aprende y la Beata aprendió y mucho de los suyos.

Agradezco al P. David Jiménez, director de la Revista *Teresa de Jesús*, la cesión de las imágenes que acompañan este escrito y a Germán Delgado la bella portada del libro.

Espero, amables lectores, que disfruten leyendo esta biografía, yo he aprendido mucho escribiéndola.

Burgos, 29 de septiembre de 2024

# INFANCIA

Nace nuestra biografiada en Medina del Campo el 25 de noviembre de 1545, siendo hija de Diego de Lobera, natural de Plasencia, y Francisca de Torres, nacida en Vizcaya, si bien no llegará a conocer a este último, ya que falleció a los pocos meses de su nacimiento. Algunos autores afirman que fue bautizada el mismo día de su nacimiento, aunque no hay documento alguno que lo corrobore. Pertenecía a una conocida familia de la nobleza española, familia que había perdido parte de sus caudales. Así lo atestigua el P. Manrique en su obra: «No escogió padres ricos para sí, pero escogiolos nobles»[1]. A la edad de siete años, comenzó a hablar inesperadamente, momento hasta el cual había sido sordomuda y que marcaría su carácter como persona reservada e introspectiva. Sabemos que sabía leer latín, así lo expresa su biógrafo Manrique (p. 13).

Tan solo dos años después (1554), contando con sólo nueve años de edad, perderá también a su madre, quedando, junto con su hermano mayor Cristóbal, bajo la tutela de su abuela materna. Los esfuerzos de ésta para buscarle un matrimonio de conveniencia a su nieta encontraron una fuerte oposición por parte de la niña, ya que sus inquietudes espirituales comenzaron a una edad muy temprana. «Así pasaron entrambas algún tiempo, cada una firme en su intención; la abuela en que había de casarla

---

[1] Manrique, p. 4.

de su mano; la nieta en que no había de ser su esposo otro que Cristo»[2]. Desde los diez años, manifestó su deseo de ingresar en un convento y de adoptar un voto de castidad. «Diez años tenía de edad doña Ana de Lobera, cuando le pareció bastante tiempo ya, para pasar a virtudes de mujer: tanto era lo que había crecido en ellas en uno solo de ahijada de la Virgen. Juzgó, que en tanto mostraría serlo mejor, en cuanto se le apareciese en todo más, y ya que en otras cosas, no podía, quiso imitarla en la virginidad, consagrando desde luego a Dios la suya»[3]. Ella misma lo recuerda en la *Declaración sobre la vida, virtudes y milagros de santa Teresa, 1597*. Así expresó la Beata sus deseos de ser monja desde su tierna infancia: «… digo que conocí a nuestra madre Teresa de Jesús por ocasión de haber desde mi niñez, que deseaba mucho hallar Religión de mujeres, donde se viviese con tanta aspereza y religión como en estos sus monasterios se vive»[4].

En 1560, los dos hermanos se trasladan a Plasencia para vivir con su abuela paterna, la cual continuará insistiendo en la búsqueda de un marido para su nieta. Encontró a un deudo suyo para casarlo con Ana. La muerte de «una amiga suya, de su edad, discreta, hermosa, y de lo noble de Plasencia»[5] hizo que Ana se determinara a ser solo de Dios. El 6 de diciembre, día de san Nicolás, de este mismo año en la fiesta de la primera misa de un sacerdote de la familia en Plasencia, Ana se presenta a la fiesta vestida de penitente y así no tener que volver a discutir con sus familiares su estado. «Sacó un monjil de paño negro vasto; y una toca de holanda por las cejas. (…) Se había cortado a cercén el cabello con que hizo el daño irreparable»[6]. Ella estaba determinada a ser monja. Tenía dieciséis años. Según el biógrafo

---

[2] Manrique, p. 16.
[3] Manrique, p. 15.
[4] BMC, 29, p. 93
[5] Manrique, p. 23.
[6] Ibídem.

Ana de Lobera y Torres.

Manrique la misma edad en que la Virgen parió a Cristo y el mismo año que la madre Teresa se convirtió de veras al Señor. Vive en esta ciudad extremeña durante diez años. La familia era numerosa. Se vivía en ambiente religioso. De hecho, su hermano Cristóbal entrará como Jesuita y una de sus primas, María de Lobera, tomará el hábito del Carmen Descalzo en el monasterio de Salamanca y otra prima, María de Cabreras, se hará clarisa en la misma Plasencia. Será en esa ciudad donde conozca al padre Pedro Rodríguez[7], fundador del Colegio de la Compañía de Jesús de Plasencia, el cual actuará como su director espiritual. En 1569 Ana sufrió una grave enfermedad que le duró tres meses y que llegó a hacerse crónica, una especie de fiebre cuartana o lo que hoy llamaríamos malaria. Este mismo año el P. Pedro Rodríguez fue destinado a Toledo y allí oyó hablar de la madre Teresa de Jesús. El jesuita escribirá a su dirigida (1570) hablándole de la madre Teresa y de sus fundaciones, y pidiéndole que le haga saber si quiere ser carmelita descalza. Ésta la invitará a unirse a la orden de Carmelitas Descalzas y le sugerirá que elija el convento de Ávila, donde ella misma es la priora. Pero dejemos que sea la beata Ana la que nos cuente su vocación al Carmelo, donde Dios usará como instrumentos suyos al jesuita P. Pedro Rodríguez y a la madre Teresa de Jesús.

> «Y sabiendo estos mis deseos un padre de la Compañía de Jesús, que me había confesado siete años y procurado informarse de algunos monasterios a petición mía, para ver si en ellos procedían con el orden que yo buscaba, halló en Toledo a la madre Teresa de Jesús y escribiome este Padre: "Aquí he hallado una mujer santa, que con autoridad apostólica funda monasterios con la religión que deseáis. Es

---

[7] Había nacido en Belmonte (Cuenca) en 1524 y en 1558, y siendo sacerdote diocesano entró en la Compañía de Jesús. Murió en Toledo el 30 de mayo de 1596.

La Beata Ana de Jesús rompe con el mundo. Carmelo de Bruselas.

natural de Ávila y llamábase doña Teresa de Ahumada, y su Regla y Constituciones son de esta manera", diciendo lo esencial de ellas. A mí me satisfizo tanto, que luego escribí a este Padre, que se llamaba el padre Pedro Rodríguez, que diese cuenta a la Santa Madre de mis deseos y de la causa por qué hasta entonces no había tratado de cumplirlos, porque yo hasta saber lo que a la Santa le parecía, y a dónde y cómo no la escribía.

Él la mostró mi carta y al punto me recibió y escribió, diciendo que "de tres o cuatro casas que entonces tenía fundadas me viniese a la que quisiese, aunque a ella le daría más gusto me viniese a tomar el hábito a la de Ávila, por ser la primera que había fundado y ser ella de allí priora entonces, que aunque andaba por allá fundando, se había de venir luego a Ávila". Donde tome el hábito y traté a la madre Teresa de Jesús»[8].

---

[8]   BMC, 29, pp. 93-94.

# CARMELITA DESCALZA

En 1570, fenecieron sus dos abuelas, el 24 de marzo muere su abuela materna y tutora en Medina del Campo y el 14 de mayo fallece su abuela paterna en Plasencia, por lo que no encontró más impedimento familiar y aceptó sin dudar el ofrecimiento de unirse a la Orden. El 2 de abril de 1570 escribe la madre Teresa a Ana diciéndole que le admite en su Orden. El 26 de julio, habiéndose puesto de acuerdo con la madre Teresa, sale con destino a Ávila, acompañada por sus familiares. Probablemente llegó a la ciudad amurallada el último día del mes. Allí no estaba Teresa sino la M. María de San Jerónimo que la recibió y acogió en el *palomarcico* de San José de Ávila. Tomó el hábito de novicia el 1 de agosto de 1570. Al tratarse del día de san Pedro *ad Vincula*, consideró la elección del nombre de Ana de San Pedro, pero Teresa de Jesús estableció que debía adoptar el nombre de profesa de Ana de Jesús y así lo hizo. Tenía Ana de Lobera 24 años, 8 meses y 6 días. A mediados de agosto llegó Teresa a San José de Ávila y por fin pudieron conocerse en persona. Desde este día se establece entre ellas una profunda y entrañable comunicación espiritual. El 1 de noviembre de 1570 Teresa funda en Salamanca. Necesita monjas para su nueva fundación charra. Elige a tres profesas de Medina del Campo: Ana de la Encarnación, María de Cristo y Jerónima de Jesús, y tres novicias de Ávila: Juana de Jesús, María de San Francisco y nuestra Ana de Jesús. En noviembre, no sabemos con exactitud los días, el cortejo monjil se pone en camino para Salamanca. Pasaron por Mancera (fundación que sustituyó a la primitiva de Duruelo) y se encuentran con fray Juan de la Cruz. 1570 será el año de la entrada de Ana en la Orden y también el año que se encontró por vez primera con los dos grandes místicos y fundadores: la M. Teresa y el P. Fray Juan de la Cruz. Nuestra biografiada nos lo cuenta:

> «Y las que sé cierto de que fue fundadora de la de frailes, porque el mismo año que recibí el hábito en Ávila, antes que profesase, me trajo nuestra Madre a la fundación de esta nuestra casa de Salamanca. Y en Mancera, que está en el camino, estuvimos las que veníamos en el convento de los frailes descalzos. Y nos mostraron y dijeron lo que nuestra madre Teresa de Jesús y su compañera Antonia del Espíritu Santo les habían trazado y enseñado a componer en la fundación de aquel convento; en el cual estaban los dos descalzos que había habido, que era por prior el padre fray Antonio de Jesús y por suprior el padre fray Juan de la Cruz, los cuales habían recibido todo el orden y modo de proceder que tenían de nuestra Santa Madre. Y ella nos contaba con grande gusto las menudencias que ellos le preguntaban y del arte que por cinco años, poco más o menos, después que hizo la primera casa de monjas se los había traído estos dos Padres. Y ellos en particular me dijeron a mí misma muchas cosas de las que en esto pasaban. Con que sé cierto fue tan fundadora de ellos como de nosotras. Y en este lugar lo tienen todos ellos y tendrán siempre»[9].

Una vez llegadas las novicias a Salamanca, entre ellas Ana de Jesús, surge la familiaridad entre la Madre fundadora y la

---

[9]  BMC, 29, pp. 97-98.

Toma de hábito de Ana de Jesús.

novicia. Nuestra biografiada nos lo recuerda en su *Dicho* sobre santa Teresa. En la Pascua de 1571, Isabel de Jesús, canta los versos «véante mis ojos, dulce Jesús bueno, véante mis ojos, muérame yo luego» y la madre Teresa cae en éxtasis. Ana de Jesús la arropa en este místico trance. En abril la madre Teresa tiene que partir para el monasterio de Medina del Campo a solucionar ciertos entuertos. Teresa confía en Ana y la nombra responsable de sus connovicias, y recomienda a la priora Ana de la Encarnación que consulte con ella los negocios del monasterio salmantino. Todo ello nos muestra cómo la madre Teresa ve en la joven Ana una novicia despierta y capaz de ayudar en la marcha de un monasterio. Teresa se fía y confía en Ana.

Durante el tiempo del noviciado Ana tuvo frecuentes hemorragias bucales, los médicos no encontraban remedio a tal enfermedad. Poco a poco se fue restableciendo la novicia, pero aun así tuvo que retrasar su profesión. El 22 de octubre de 1571, Ana hizo su profesión como carmelita descalza. 2 meses y 21 días después de la fecha acordada, que había sido prevista para el 1 de agosto. Durante el acto religioso, Ana tuvo un fuerte arrobo. Dado la publicidad del acto y el hecho paranormal del éxtasis de Ana, la madre Teresa decidió que, a partir de este momento, la profesión de las monjas se hiciese en privado como un acto comunitario. Ana de Jesús, una vez profesa, siguió en su tarea de formar a las novicias.

En 1573 Ana de Jesús y Teresa de Jesús viven en la misma celda. Permaneció en Salamanca hasta 1575. En 1573 el P. Jerónimo Ripalda, el del célebre catecismo, manda a Teresa que escriba la historia de las fundaciones de los monasterios por ella implantados. En presencia de Ana, la Santa escribe los primeros nueve capítulos del libro de las *Fundaciones*.

El 28 de septiembre de 1573, víspera de san Miguel y de la inauguración de la iglesia conventual de Salamanca, Ana pide a la madre Teresa que deje de llover para poder así aderezar la nueva capilla. Así lo narra nuestra biografiada:

> «Siendo ya muy tarde, más de las ocho, estaba la Madre con dos sacerdotes, que eran el padre Julián de Ávila, y otros oficiales, que estaban en la iglesia mirando qué remedio podría aquello tener. Y nosotras, deseando poder aderezar la iglesia, no sabíamos qué nos hacer. Y así entré yo con dos hermanas a donde la Madre estaba y dije con mucha determinación: «Viendo Vuestra Reverencia la hora que es y que mañana ha de amanecer aquí tanta gente, ¿no pedirá a Dios que cese de llover y nos dé lugar para componer

estos altares? La Madre, como me lo oyó decir así recio, riñome, diciendo: «Pídaselo ella, si tan presto le parece lo ha de hacer, porque yo se lo diga». Y al punto fuime de allí, como vi que mostraba disgusto. Y antes de que acabase de llegar a un patio que estaba junto, alcé los ojos y vi el cielo estrellado, y tan sereno que parecía hacía mucho que no llovía. Y así volví luego, diciendo delante de todos los que había dicho lo primero: «Antes pudiera Vuestra Reverencia haber pedido esto a Dios: váyanse todos y déjennos aderezar la iglesia». Ella se fue riendo y se encerró en su celda»[10].

Este mismo año de 1573, el 22 de octubre, profesará en el monasterio de Salamanca la prima de Ana de Jesús, María de San Ángelo. En agosto de 1574 la madre Teresa pide a Ana que se prepare pues debe acompañarla a las nuevas fundaciones que está preparando. En diciembre de 1574 la madre Teresa va a Valladolid. En la ciudad pucelana se encuentran las dos descalzas y parten en comitiva camino de Beas de Segura. Pasan por Medina del Campo, Ávila, Toledo. Sabemos que la madre Teresa y Ana van acompañadas por cuatro monjas que vienen del desaparecido monasterio de Pastrana, después de las intromisiones de la princesa de Éboli. Entre enero y febrero de 1575 hacen el viaje recorriendo buena parte de Castilla y llegan a Beas de Segura un 18 de febrero de 1575. Viajan por Toledo, Malagón, Daimiel, Manzanares, Almodóvar del Campo y pasan Sierra Morena. La madre Teresa dejó narrado este trance. Nosotros vamos a mostrar el paso de Sierra Morena tal y como lo vivió la beata Ana de Jesús.

---

[10]  BMC, 29, p. 95.

«Yendo a fundar el convento de Beas, veintidós años ha, y aún más, ya que llegábamos a la postrera jornada en Sierra Morena, perdieron los carreteros el camino que no sabían por dónde iban. Y nuestra madre Teresa de Jesús comenzonos a mandar a ocho monjas que con ella íbamos, pidiésemos a Dios y nuestro padre san José nos encaminase, porque decían los carreteros que íbamos perdidas y que no hallaban remedio de salir de unos riscos altísimos por dónde íbamos. Y al tiempo que la Santa nos mandó lo dicho, comenzó desde una hondura muy honda, que con harta dificultad se veía desde lo alto de aquellos riscos en que estábamos a dar grandes voces un hombre, que en la voz parecía un anciano, diciendo: Teneos, teneos, que vais perdidos y os despeñaréis si pasáis de ahí. A estas voces paramos. Y los sacerdotes y personas seglares que iban con nosotros comenzaron a escuchar y a preguntar: Padre ¿pues qué remedio tendremos para remediarnos y salir del estrecho en que estamos? Él les respondió que echasen hacia una parte, que vimos todos que milagrosamente habían podido atravesar por allí los carros. Creo se vio este milagro tan notable, quisieron algunos ir a buscar al que nos había avisado; y mientras ellos estaban allí, díjonos la Madre con mucha devoción y lágrimas: no sé para que les dejamos ir, que era mi padre san José y no le han de hallar. Y así fue, que volvieron diciendo que no habían podido hallar rastro de él, aunque habían llegado a la hondura de donde sonó la voz»[11].

El 24 de febrero de 1575 se erige canónicamente el nuevo monasterio de Beas de Segura (Jaén) siendo su primera priora,

---

[11]  BMC, 29, p. 96.

Santa Teresa transmite su espíritu a la Beata Ana. Carmelo de Bruselas.

nominada por la madre Teresa de Jesús, Ana de Jesús. Tenía solamente 29 años. Aquí comienza el largo camino que tendrá Ana de Jesús como priora de tantos Carmelos. A Beas de Segura llega el 1 de abril el P. Jerónimo Gracián. Aquí se conocen personalmente la M. Teresa y el P. Gracián, ante la presencia de la declarada hace poco tiempo: beata Ana de Jesús.

Beas de Segura significará para santa Teresa de Jesús mucho. En dicha villa jienense comienza, sin ella saberlo, la persecución del Generalísimo (así lo tilda la beata Ana) el P. Rubeo sobre la santa abulense. Ya que sin ella estar al corriente, fundando en Beas y luego en Sevilla, por mandato del P. Gracián, va contra la norma que le dio el general de los Carmelitas, de que fundase todos los Carmelos reformados que quisiese en Castilla, pero que no fundara en Andalucía. En Beas la madre Teresa queda prendada y fascinada ante la figura del P. Jerónimo Gracián, al que hará posteriormente su voto de obediencia. Y Beas será el último lugar en la tierra en la que se vean la madre Teresa y Ana de Jesús. Y en Beas le llega a la Santa la noticia de que su libro de la *Vida* está en manos de la Inquisición en su sede de Córdoba.

El 18 de mayo de 1575 la madre Teresa se despide de Ana de Jesús. Antes de salir cambia su capa blanca con la de Ana, precioso símbolo de recuerdo para ambas y de asumir la herencia teresiana por parte de Ana.

Otro hecho esencial en la biografía de Ana de Jesús es la ayuda que ella dio para que los frailes descalzos del Carmen pudieran fundar en el lugar denominado El Calvario, otrora Corenzuela. Los frailes en el Capítulo de Almodóvar habían decidido suprimir la fundación de La Peñuela, hoy La Carolina, y buscar un lugar por Sierra Morena. Ana de Jesús compra el sitio de la Corenzuela, cercano a Beas de Segura, por 400 ducados y lo adecenta con material mobiliario que dona de su monasterio de Beas. La nueva fundación de El Calvario queda inaugurada el 1 de diciembre de

1576. En 1577 el padre fray Juan de la Cruz es apresado y llevado a la cárcel conventual de Toledo. En abril de 1578 la madre Ana de Jesús es reelegida priora de Beas por un trienio más. En agosto de este mismo año fray Juan de la Cruz escapa de la cárcel toledana, y tras pasar por Almodóvar es nombrado vicario de El Calvario (Jaén). En octubre llega el futuro santo, macilento y muy acabado al monasterio de Beas, para darle solaz manda la madre Ana de Jesús que las dos jóvenes Francisca de la Madre de Dios y Lucía de San José le canten las coplas tituladas: «Liras en loor de los trabajos». Así comenzaba la composición poética:

*Quien no sabe de penas/*
*en este valle lleno de dolores/*
*no sabe cosas buenas,/*
*ni ha gustado amores/*
*pues penas son el traje de amadores.*

Y el santo de las *ínsulas extrañas* y de *la cena que recrea y enamora* queda extasiado delante de la comunidad al oír este cantar. Así comienza la relación espiritual entre Juan de la Cruz y la beata Ana de Jesús.

Será Teresa de Jesús la que haga ver a Ana de Jesús que en Juan de la Cruz se hallan las prendas más perfectas de un buen carmelita descalzo, estas son las palabras de Teresa de Jesús sobre Juan de la Cruz destinadas a Ana de Jesús:

«A la M. Ana de Jesús y comunidad de Beas *Noviembre-diciembre 1578*

1. En gracia me ha caído, hija, cuán sin razón se queja, pues tiene allá a mi padre fray Juan de la Cruz, que es un hombre celestial y divino. Pues yo le digo a mi hija que, después que se fue allá, no he hallado en toda Castilla otro como él ni que tanto fervore en el camino del cielo. No creerá la soledad que me causa su falta.

Miren que es un gran tesoro el que tienen allá en ese santo, y todas las de esa casa traten y comuniquen con él sus almas y verán qué aprovechadas están, y se hallarán muy adelante en todo lo que es espíritu y perfección; porque le ha dado nuestro Señor para esto particular gracia.

2. Certifícolas que estimara yo tener por acá a mi padre fray Juan de la Cruz, que de veras lo es de mi alma, y uno de los que más provecho le hacía el comunicarle. Háganlo ellas, mis hijas, con toda llaneza, que aseguro la pueden tener como conmigo misma y que les será de grande satisfacción, que es muy espiritual y de grandes experiencias y letras. Por acá le echan mucho menos las que estaban hechas a su doctrina. Den gracias a Dios que ha ordenado le tengan ahí que lo hará en cualquiera necesidad que se ofrezca tan cerca. Ya le escribo les acuda, y sé de su gran caridad»[12].

Estos años y hasta conseguir ser provincia independiente, 1580, la Beata defiende la obra fundadora de santa Teresa y si es preciso, como veremos, se opone a la intromisión de los Calzados en asuntos de Descalzas. Así responde la Beata al P. Provincial de Castilla OCarm, P. Juan Gutiérrez de la Magdalena. El P. Carmelita quiere visitar el Carmelo de Beas y a ser posible cambiar la jurisdicción del monasterio de Descalzo a Calzado. La M. Ana de Jesús, le responde con estas enérgicas palabras que dejan traslucir la fuerte defensa que hace Ana de la Reforma teresiana: «… pero a visitarle, no sé cómo pueda ser, porque esta casa toca a la provincia del Andalucía y no a la de Castilla, como vuestra paternidad sabe; y así no hallo que podamos admitirle.

---

[12] *Cartas de santa Teresa*, Monte Carmelo, 5ª Ed. Burgos, 2017, pp. 735-736.

Especialmente si pretende deshacer lo que el Espíritu Santo ha obrado por medio de nuestra santa madre Teresa de Jesús»[13]. Y es este padre el que nos ha dejado el apodo con que la Beata ha pasado a la posteridad y que subraya la importancia de Ana en la Reforma teresiana. Estas son las palabras, dichas por el P. Juan Gutiérrez de la Magdalena, OCarm: «Que él sabía que después de Doña Teresa de Ahumada (así decía la carta) era la **capitana de las prioras** de la Descalcez»[14].

En 1579 los PP. Juan de Jesús (Roca) y Diego de la Trinidad salen con destino a Roma, para tramitar la separación de los Descalzos y crear una provincia independiente. Pasan por Beas de Segura los dos frailes, y la madre Ana costea el viaje con 400 ducados. Se conserva una carta de santa Teresa a Ana de Jesús, que nos da noticias de este acontecimiento. Así se expresó la santa de Ávila, aunque algunos creen que el texto no es del todo seguro. Sirva para conocer la relación de la santa con la recién nombrada beata; y también para conocer como la beata Ana siempre ayudó para que la Reforma teresiana llegara a buen puerto.

> «Hija mía y corona mía, no me harto de dar gracias a Dios por la merced que me hizo en traerme a vuestra reverencia a la religión. Que así como a los hijos de Israel, cuando los sacó de Egipto, proveyó Su Majestad de una columna que de noche los guiaba y daba luz, y de día los defendía del sol, así parece lo hace con nuestra religión, y que vuestra reverencia, hija mía, es esta columna que nos guía, nos da luz y nos defiende.
>
> Muy acertado ha sido todo lo que ha hecho vuestra reverencia con esos religiosos, y bien parece está Dios

---

[13] BMC, 29, A Juan Gutiérrez de la Magdalena, OCarm, Beas, finales 1578 o inicios de 1579, p. 147.
[14] BMC, 29, A Juan Gutiérrez de la Magdalena, OCarm, a Ana de Jesús en Beas, 1578, p. 329.

en su alma; pues con tanta gracia y buenos términos hace cuanto hace. Págueselo el Señor por quien lo hizo, y dé a estos negocios el suceso que conviene»[15].

La Beata siguió ayudando todo lo que pudo a los frailes de Andalucía. El 14 de junio de 1579 san Juan de la Cruz funda el Colegio de San Basilio en Baeza. La madre Ana les ayudó con muebles y enseres para la nueva fundación carmelitana.

El 22 de junio de 1580 el papa Gregorio XIII emite el breve de la erección de la Provincia de frailes y monjas descalzas separados de las Provincias del Carmen en España y bajo la autoridad del prepósito general de Roma. Del 3 al 13 de marzo de 1581 se celebra en Alcalá de Henares el primer capítulo de la nueva Provincia descalza, saliendo elegido como primer provincial el P. Jerónimo Gracián. Este capítulo aprueba las *Constituciones* de frailes y monjas, las denominadas Constituciones de Alcalá reformadas por los frailes (las primeras fueron realizadas por santa Teresa antes de 1567) con el beneplácito de santa Teresa. Estas Constituciones de 1581 serán fuente de conflictos en el futuro y la beata Ana de Jesús será una de las mayores defensoras. En el mismo capítulo se decreta que los frailes que fueron a Roma a tramitar la separación, vayan a dar las gracias por la ayuda recibida a la comunidad de Beas de Segura y a su priora, Ana de Jesús.

---

[15] *Cartas de santa Teresa*, pp. 1182-1183. Destinataria, Ana de Jesús (Lobera), priora del carmelo de Beas. Fecha: hacia mayo de 1579. Alude a la ayuda económica ofrecida por la M. Ana y el carmelo de Beas para el viaje del P. Juan de Jesús, Roca, a Roma (mayo de 1579): cf. la carta 295, y la BMC 8, 305 nota. El texto proviene de la biografía de la M. Ana por A. Manrique (Bruselas 1632), l. 3, c. 14.

# FUNDADORA

- **GRANADA**

En julio de 1581 Ana de Jesús deja de ser priora de Beas, después de los dos trienios en que había ocupado tal cargo. Es elegida como priora la madre Catalina de Jesús (Sandoval). Este mismo año se dan los pasos pertinentes para fundar en Granada. San Juan de la Cruz recibe la encomienda de ir a Ávila para convencer a santa Teresa para que vaya a fundar a Granada. Al final la Santa desiste de ir a fundar a Granada, pero designa a las monjas que han de ir como fundadoras. Dos de San José de Ávila: María de Cristo (del Águila) y Antonia del Espíritu Santo; una del monasterio de Toledo, Beatriz de Jesús (Ovalle) sobrina de la santa; dos coristas de Sevilla y dos legas de Villanueva de la Jara. La madre Ana de Jesús irá como fundadora y primera priora de la nueva comunidad granadina y escogerá tres monjas de Beas. El 29 de noviembre de 1581 san Juan de la Cruz se despide de santa Teresa de Jesús para ir desde Ávila a Beas y erigir la nueva fundación de Granada. Es la última vez que se vieron en vida los dos santos del Carmelo.

El año de 1582, año de la muerte de santa Teresa, el 15 de enero, parten camino de Granada san Juan de la Cruz y la comitiva monjil capitaneada por Ana de Jesús. Cinco días después, el 20 de enero, llegan las monjas a Granada. Se hospedan en casa de doña Ana de Peñalosa, amiga y dirigida de san Juan de la Cruz.

Pero dejemos que sea la propia Beata la que nos describa la fundación granadina[16].

> «El mes de octubre de ochenta y cinco hizo cuatro años [1581] que el P. fray Diego de la Trinidad, que esté en gloria, siendo vicario provincial por Vuestra Paternidad [P. Jerónimo Gracián] fue a visitar el convento de Beas, donde había tres o cuatro meses que ya yo no era priora y estaba muy enferma. Y con verme así, el padre visitador comenzó a tratar muy de veras viniésemos a fundar a Granada... […] Yo, con todas las dudas y excusas que he dicho, me resolví en aquel punto que acabé de comulgar, y dije a la hermana Beatriz de San Miguel, que era portera, y también había comulgado conmigo: «Ella crea que Dios quiere que se haga esta casa de Granada; por eso llámeme al padre fray Juan de la Cruz, para decirle, como a confesor, lo que Su Majestad me ha dado a entender». En diciéndoselo en confesión al padre fray Juan de la Cruz, que era mi confesor, le pareció le diésemos cuenta al padre visitador, que estaba allí, para que luego se escribiese a vuestra paternidad, para que con su licencia se efectuase. […] Escribimos a vuestra paternidad y a nuestra santa madre Teresa de Jesús, pidiendo cuatro monjas de allá de Castilla para la fundación y a nuestra Santa Madre que la viniese a hacer. Como íbamos tan confiados en que se había de cumplir, procuramos que fuese el padre fray Juan de la Cruz con otro religioso y llevase todo recado para traer las monjas. […] Su reverencia no pudo venir, por estar de partida para

---

16　BMC, 29, pp. 69-79. *Relación de la fundación de Granada*, 1586. Estas páginas fueron escritas por Ana de Jesús por obediencia al P. Jerónimo Gracián. Fue impreso, como capítulo final, junto con el libro de las *Fundaciones* de Santa Tersa en 1610, Bruselas.

la fundación de Burgos, que se hizo al mismo tiempo. […] Y así sentí mucho el día de la Concepción de Nuestra Señora, que llegaron las monjas a Beas sin ella. Leí una carta suya que me traían, en que decía: «que por solo mi contento quisiera poder venir, más que nuestro gran Dios mandaba otra cosa; que ella quedaba muy cierta se había de hacer todo muy bien en Granada y me había de ayudar Su Majestad mucho». […] A continuación narra cómo «no había orden de que el arzobispo[17] quisiese admitir nuestra venida, antes mostraba mucho disgusto con palabras muy ásperas». […]

«Luego comenzó a hacer tan terrible tempestad, que parecía se hundía todo el mundo, con agua y piedra; y a mí me dio tan gran mal, que parecía me moría. Los médicos y todos los que me veían, tenían por imposible poderme poner en camino, porque eran recísimos los dolores y turbaciones sobrenaturales que padecía». […] Llegamos hasta Daifontes [Deifontes]. Tratando los padres que venían con nosotras, que era el padre fray Juan de la Cruz y el padre fray Pedro de los Ángeles, y yo, qué modo tendríamos para que el arzobispo diese licencia y no estuviese tan recio en admitirnos. Y esta noche –que era cuando llegamos a Deifontes– oímos un trueno terribilísimo. Cayó con él un rayo en Granada en la propia casa del arzobispo, cerca de donde dormía. Quemole parte de su librería

---

[17] Juan Méndez de Salvatierra. Natural de Salvatierra (Badajoz), nació en la primera mitad del siglo XVI, en fecha desconocida. Arzobispo de Granada de 1577 a 1588. Hombre de gran caridad, albergó en su palacio a ochenta muchachos pobres, a los que alimentaba e instruía a sus expensas. El sacerdote Francisco de Castro, rector del hospital de San Juan de Dios de Granada, le dedicó la primera biografía del futuro santo, publicada en Granada en 1585. Murió lleno de deudas por las muchas obras de caridad que sufragaba.

y mató algunas bestias y a él mismo atemorizó tanto, que de la turbación cayó malo. Esto dicen le ablandó que no se acordaban en tal tiempo haber visto caer rayo en Granada». [Posteriormente narra cómo la casa que tenían apalabrada se desvaneció y tuvieron que hospedarse en la casa de don Luis del Mercado y de su hermana Ana de Peñalosa].

«Llegamos el día de san Fabián y san Sebastián [20 de enero] a las tres de la mañana, que por el secreto convino venir a esa hora». [Narra la primera misa que se celebró en el nuevo monasterio] «Ese mismo día fue don Luis del Mercado y el licenciado Laguna a visitar al arzobispo, que estaba malo de la turbación del rayo que había caído dos noches había; y halláronle echando chispas porque habíamos venido. Dijéronle que, si tanto le pesaba a Su Señoría, para qué había dado licencia, que ya estaba hecho el monasterio. Respondió: «No pude hacer menos, que harto forcé mi condición, porque no puedo ver monjas; mas no las pienso dar nada, que aun a las que tengo a mi cargo no puedo sustentar».

Y así comenzamos a gozar de dichos y hechos de nuestra pobreza. […] Y pasábamosla de manera, que muchos días no nos pudiéramos sustentar con lo que esta señora nos daba [doña Ana de Peñalosa], si de los Mártires no nos ayudaran nuestros Padres Descalzos con algún pan y pescado. Aunque también ellos tenían poco por ser año de tanta hambre y esterilidad, que se padecía en el Andalucía grandísima. Ropa para dormir teníamos tan poca, que no había más de la que trajimos por el camino. […] Venían muchas personas de todas suertes a pedir el hábito. Y entre más de doscientas que trataron de ello, no hallábamos una que nos pareciese podíamos recibir conforme a nuestras Constituciones. [...]

Di cuenta a mi confesor, que era el padre fray Juan de la Cruz, y al padre maestro Juan Bautista de Ribera, de la Compañía de Jesús, con quien comunicaba todo lo que se me ofrecía en confesión y fuera de ella. Y a entrambos les pareció ser estas cosas prendas que Nuestro Señor daba de que esta fundación se hacía muy bien, como hasta ahora, que ha cuatro años se ha hecho [1586] [...]

Cuando se cumplieron, hallamos una casa alquilada donde, sin que lo supiese su dueño, porque la dejo un morador que dentro estaba desembarazada, nos pasó con gran secreto Vuestra Paternidad [el P. Gracián] que vino entonces desde Baeza a trazar nuestra comodidad. No pudo haber más de esta, hasta que de ahí a diez meses comenzó Nuestro Señor a mover de veras algunas doncellas de las más principales de aquí, que ayudadas de sus confesores, sin licencia de sus padres y deudos que no había remedio se la diesen para entrar en Orden tan estrecha se vinieron en secreto a tomar el hábito. Dímosle en pocos días con mucha solemnidad y harta turbación de sus deudos y alboroto de la ciudad, que les parecía cosa terrible entrar aquí. Y así andaban, según nos decían muchos con gran cuidado de guardar sus hijas, porque de la primera que recibimos que es la hermana Mariana de Jesús, se murió su padre y su madre luego que entró y echaron fama que de pena. [...] En profesando, con sus dotes procuramos comprar casa. Y aunque se trató de muchas, tanto que se llegó a hacer escritura de algunas, no hubo remedio de efectuarse la compra. Hasta que intentamos tomar las del duque de Sesa, que por las grandes dificultades que para venderse tenía, nos pareció disparate querer entrar en ella, y a cuantos lo oían lo parecía, aunque era las más a propósito y en el mejor puesto que hay en Granada. [...] Y así se efectuó como vuestra paternidad sabe. Y estamos en ella»[18].

Pero no todo era bonanza en la nueva fundación teresiana realizada al unísono, como hemos visto por san Juan de la cruz y la beata Ana de Jesús, hubo una fuerte contrariedad con enfado y disgusto de santa Teresa de Jesús. Todo ello ha quedado plasmado en la denominada *carta terrible*[19] que escribió santa Teresa a la beata Ana. La carta fue escrita por la santa en Burgos el 30 de mayo de 1582. Es una carta larga, esto ya demuestra el enfado de la Santa con la Beata, y la aclaración de punto por punto de lo que cree que ha hecho mal Ana de Jesús. En la misiva se queja sobre todo de que no ha hecho caso ni al provincial, P. Gracián, ni a ella misma. De que no ha actuado bien con las dos legas que devolvió a Villanueva de la Jara. También se puede leer entre líneas que la Beata había creado división en el monasterio de Beas, una vez que había dejado de ser priora. Que no ha sido obediente, que pareciera que le gustaba y quería ser priora, que no ha guardado la clausura papal... Es una epístola en la que se trasluce que santa Teresa de Jesús se siente la priora de todas las prioras, y que advierte que se ha obrar siempre según las leyes de la Orden y la caridad cristiana. Hay cierta ironía teresiana en

---

[18] El 8 de noviembre de 1584 las religiosas se trasladaron a las casas del Gran Capitán, que es el lugar que ocupan en la actualidad.

[19] Los fallos de madre Ana, según los informes que tiene la Santa, fueron: haber llevado de Beas más monjas de las designadas; haber impuesto a las dos legas de Villanueva que desanduviesen su larguísimo camino sin ser admitidas a formar parte del grupo ni hacerlas descansar en Granada; que el alojamiento de las fundadoras en casa de doña Ana de Peñalosa fuese demasiado gravoso para esta y su hermano; y que, en fin, madre Ana hubiese tardado en informar sobre lo hecho, tanto al provincial Gracián, como a la misma Santa. *Cartas*, p. 1130.

el hecho de que la ya beata Ana quiera tenerse por fundadora... cuando la única que debe llevar tal título es Teresa de Jesús. De hecho en escritos posteriores Ana de Jesús ensalza a santa Teresa como fundadora de frailes y monjas... Puede ser que esta amonestación epistolar quedara grabada en el espíritu de Ana de Jesús.

«1. Jesús. — Sea con vuestra reverencia el Espíritu Santo. En gracia me cae la baraúnda que tienen de quejarse de nuestro padre provincial y el descuido que han tenido en hacerle saber de sí desde la carta primera adonde le decían que habían fundado; y conmigo han hecho lo mismo.

2. Su paternidad estuvo aquí el día de la Cruz, y ninguna cosa había sabido más de lo que yo le dije, que fue lo que vi por una carta que me envió la priora de Sevilla, en que le decían compraban casa en doce mil ducados. Adonde había tanta prosperidad, no es mucho fuesen patentes tan justas. Mas allá se dan tan buena maña a no obedecer que no me ha dado poca pena esto postrero por lo mal que ha de parecer en toda la orden y aun por la costumbre que puede quedar en tener libertad las prioras, que tampoco le faltarán disculpas. Y ya que hace vuestra reverencia tales a esos señores, ha sido gran indiscreción haber estado tantas; que, como tornaron a enviar a esas pobres tantas leguas, acabadas de venir –que no sé qué corazón bastó–, pudieran haber tornado a Beas las que vinieron de allá, y aun otras con ellas; que ha sido terrible descomedimiento estar tantas –en especial sintiendo daban pesadumbre– ni sacarlas de Beas, pues sabían ya que no tenían casa propia. Cierto me espanto de la paciencia que han tenido. Ello se erró desde el principio, y, pues vuestra reverencia

no tiene más remedio del que dice, bien es se ponga medio antes que haya más escándalo, pues se tiene tanta cuenta si entra una hermana más, que por eso le ha de haber. En lugar tan grande, mucha menudencia me parece.

3. Reídome he del miedo que nos pone que quitará el arzobispo el monasterio. Ya él no tiene que ver en él; no sé para qué le hacen tanta parte; primero se moriría que saliese con ello. Y si ha de ir, como ahora para poner principios en la orden de poca obediencia, harto mejor sería no le hubiese; porque no está nuestra ganancia en ser muchos los monasterios, sino en ser santas las que estuvieren en ellos.

4. Estas cartas que ahora vienen para nuestro padre [Gracián], no sé cuándo se le podrán dar. He miedo no será de aquí a mes y medio, y aun entonces no sé por dónde irán ciertas; porque de aquí fue a Soria y de allí a tantas partes, visitando, que no se sabe cosa cierta adónde estará ni cuándo sabremos de él. A mi cuenta, cuando llegasen las pobres hermanas estaría en Villanueva, que me ha dado harta pena para la que ha de recibir, y el corrimiento; porque el lugar es tan pequeño que no habrá cosa secreta, y hará harto daño ver tal disparate, que pudieran enviarlas a Beas hasta avisarle (pues no tenía tampoco licencia para donde tornaron, que ya eran conventuales de esa casa por su mandamiento), que no tornárselas a los ojos. Parecía había algunos medios, pues se tiene vuestra reverencia toda la culpa de no haber avisado las que llevó de Beas y si ha tomado alguna freila, sino no haber hecho más caso de él que si no tuviera oficio.

5. Hasta el invierno (según me dijo y lo que tiene que hacer) es imposible ir allá. El padre vicario provincial

Ana de Jesús ante santa Teresa.

plega a Dios esté para ello; porque me acaban de dar unas cartas de Sevilla, y escríbeme la priora que está herido de pestilencia, que la hay allá –aunque anda en secreto–, y fray Bartolomé de Jesús, que me ha dado harta pena. Si no lo hubieran sabido, encomiéndenlos a Dios, que perdería mucho la orden. El padre vicario dice en el sobrescrito de la carta que está mejor, aunque no fuera de peligro. Ellas están harto fatigadas, y con razón, que son mártires en aquella casa de otros trabajos que en esa –aunque no se quejan tanto–, que adonde hay salud y no les falta de comer, que estén un poco apretadas no es tanta muerte. Muy acreditadas con muchos sermones. No sé de qué se quejan, que no había de ser todo pintado.

6. Dice la madre Beatriz de Jesús al padre provincial que están esperando al padre vicario para tornar las monjas de Beas y Sevilla a sus casas. En Sevilla no están para eso, y es muy lejos, y en ninguna manera conviene; cuando tanta sea la necesidad, nuestro padre lo verá. Las de Beas es tan acertado que, si no es por el miedo que tengo de no ayudar a hacer ofensas a Dios con inobediencia, enviara a vuestra reverencia un gran precepto; porque para **todo lo que toca a las descalzas tengo las veces de nuestro padre provincial**.

7. Y en virtud de ellas **digo y mando que**, lo más presto que pudieren tener acomodamiento de enviarlas, se tornen a Beas las que de allá vinieron, salvo la madre priora Ana de Jesús. Y esto aunque sean pasadas a casa por sí, salvo si no tuviesen buena renta para salir de la necesidad que tienen; porque para ninguna cosa es bueno comenzar fundación tantas juntas, y para otras muchas conviene.

8. Yo lo he encomendado a nuestro Señor estos días (que no quise responder de presto a las cartas), y hallo que en esto se servirá Su Majestad, y mientras más lo sintieren, más; porque va muy fuera del espíritu de descalzas ningún género de asimiento, aunque sea con superiora, ni medrarán en espíritu jamás. **Libres quiere Dios a sus esposas, asidas a solo Él**, y no quiero que comience esa casa a ir como ha sido en Beas; que nunca me olvido de una carta que me escribieron de allí, cuando vuestra reverencia dejó el oficio, que no la escribiera una monja calzada. Es principio de bandos y de otras hartas desventuras, sino que no se entiende a los principios. Y por esta vez no tenga parecer sino el mío, por caridad; que después que estén asentadas y ellas más desasidas, se podría tornar si conviniese.

9. Yo verdaderamente que no sé quién son las que fueron, que bien secreto lo han tenido de mí y de nuestro padre, ni pensé vuestra reverencia llevara tantas de ahí; mas imagino que son las muy asiduas a vuestra reverencia. ¡Oh espíritu verdadero de obediencia, cómo en viendo una en lugar de Dios no le queda repugnancia para amarla! Por Él pido a vuestra reverencia que mire que cría almas para esposas del Crucificado, que las crucifique en que no tengan voluntad ni anden con niñerías. Mire que es principiar en nuevo reino, y que vuestra reverencia y las demás están más obligadas a ir como varones esforzados y no como mujercillas.

10. ¿Qué cosa es, madre mía, que se mire en si la pone el padre provincial presidente, o priora, o Ana de Jesús? Bien se entiende que, si no estuviera por mayor, no tenía para qué la nombrar más que a las

demás, porque también han sido prioras. A él le han dado tan poca cuenta que ni sepa si eligieron o si no. Por cierto que me he afrentado que a cabo de rato miren ahora las descalzas en esas bajezas, y, ya que miren, lo pongan en plática, y la Madre María de Cristo haga tanto caso de ello; o con la pena se han tornado bobas, o pone el demonio infernales principios en esta orden. Y tras esto loa a vuestra reverencia de muy valerosa, como si eso le quitara el valor. Désele Dios de muy humildes y obedientes y rendidas a mis descalzas, que todos esotros valores son principios de hartas imperfecciones sin estas virtudes.

11. Ahora se me ha acordado que en una de las cartas pasadas me escribieron que tenía ahí parientes una, que las había hecho provecho llevarla de Beas. Si esto es que le hace, dejo en la conciencia de la madre priora que si le parece la deje, mas no a las demás.

12. Yo bien creo que vuestra reverencia tendrá hartas penas en ese principio. No se espante, que una obra tan grande no se ha de hacer sin ellas, pues el premio dicen que es grande. Plega a Dios que las imperfecciones con que yo lo hago no merezcan más castigo que premio, que siempre ando con este miedo. A la priora de Beas escribo para que ayude al gasto del camino. ¡Hay ahí tan poca comodidad! Yo le digo que, si Ávila estuviera tan cerca, que me holgara yo harto de tornar mis monjas. Podrase hacer, andando el tiempo, con el favor del Señor; y así puede decir vuestra reverencia que, en fundando y no siendo menester allá, se tornarán a sus casas, como hayan tomado monjas ahí.

13. Poco ha que escribí largo a vuestra reverencia y a esas madres y al padre fray Juan y les di cuenta de

lo que por acá pasaba, y así ahora me ha parecido no escribir más de esta para todas. Plega a Dios <u>no se agravie vuestra reverencia como de llamarla nuestro padre «presidente»</u>, según anda el negocio. <u>Hasta que acá hicimos elección, cuando vino nuestro padre, así la llamábamos, que no «priora», y todo se es uno.</u>

14. Cada vez se me olvida esto. Dijéronme que en Beas, aun después del capítulo, <u>salían las monjas a aderezar la iglesia</u>. No puedo entender cómo, que aun el provincial no puede dar licencia; porque es un *motu propio* del Papa con recias descomuniones, dejado de ser constitución bien encarecida. Luego se nos hacía de mal; ahora nos holgamos mucho. Ni salir a cerrar la puerta de la calle: bien saben las hermanas de Ávila que no se ha de hacer. No sé por qué no lo avisaron. Vuestra reverencia lo haga, por caridad, que Dios deparará quien aderece la iglesia, y medios hay para todo...

15. Cada vez que me acuerdo que tienen a esos señores tan apretados, no lo dejo de sentir. Ya escribí el otro día que procurasen casa, aunque no sea muy buena ni razonable, que, por mal que estén no estarán tan encogidas; y si lo estuvieren, más vale que padezcan ellas que quien las hace tanto bien. Ya escribo <u>a la señora doña Ana, y quisiera tener palabras para agradecer el bien que nos ha hecho</u>. No lo perderá con nuestro Señor, que es lo que hace al caso.

16. Si quiere algo a nuestro padre, hagan cuenta que no le han escrito; porque, como digo, será muy tarde cuando yo le pueda enviar las cartas. Procurarlo he. Desde Villanueva había de ir a Daimiel a admitir a aquel monasterio, y a Malagón y Toledo; luego a Salamanca y a Alba, y a hacer no sé cuántas elecciones de prioras.

Díjome que pensaba hasta agosto no venir a Toledo. Harta pena me da verle andar por tierras tan calientes tantos caminos. Encomiéndenlo a Dios y procuren su casa como pudieren, con amigos...

17. Las hermanas bien podían estar ahí hasta hacerlo saber a su reverencia y viera lo que convenía, ya que no le han dado parte de nada ni haber nadie escrito la causa de por qué no llevan esas monjas.

Dios nos dé luz, que sin ella poco se puede acertar, y guarde a vuestra reverencia, amén.

Hoy treinta de mayo.

De vuestra reverencia sierva,

Teresa de Jesús

18. A la madre priora de Beas escribo sobre la ida de las monjas y que sea lo más secreto que pudiere, y, cuando se sepa, no va nada. Esta de vuestra reverencia que la lea la madre supriora y sus dos compañeras y el padre fray Juan de la Cruz, que no tengo cabeza para escribir más»[20].

Los subrayados son míos y sirven para fijar con más claridad las fuertes palabras que utiliza Teresa amonestando a su fiel discípula, Ana de Jesús. A pesar de esta carta, o igual mejor, gracias a ella, en 1597 la ya beata nos muestra a la madre Teresa como ella la conoció y lo que pensaba de ella. Nos afirma que «conmigo, aunque indigna, se sabe la tenía [la amistad] muy estrecha». «Y de estos once o más años que digo la alcancé [que vivieron juntas su amistad], algunos tiempos estuvimos juntas en algunos conventos durmiendo en una misma celda y muchos

---

[20] *Cartas*, pp. 1130-1137.

días caminando juntas y hasta la última semana que vivió no cesó de escribirme, que lo hacía muy a menudo».

Dos años después, el otro gran místico carmelita, nos referimos a san Juan de la Cruz, dedica a la madre Ana de Jesús el comentario a sus canciones del *Cántico Espiritual*. Estamos en el año de 1584 donde la madre Ana sigue de priora en Granada. Insertamos en esta biografía de la Beata el prólogo escrito por san Juan de la Cruz y reflejamos en negrita las referencias que el santo de las *ínsulas extrañas*, hace a su dirigida y hermana en el Carmelo.

«DECLARACIÓN DE LAS CANCIONES QUE TRATAN DEL EJERCICIO DE AMOR ENTRE EL ALMA Y EL ESPOSO CRISTO, EN LA CUAL SE TOCAN Y DECLARAN ALGUNOS PUNTOS Y EFECTOS DE ORACIÓN, A PETICIÓN DE LA **MADRE ANA DE JESÚS**, PRIORA DE LAS DESCALZAS DE SAN JOSÉ DE GRANADA. AÑO DE 1584 AÑOS.

PRÓLOGO

1. Por cuanto estas canciones, **religiosa Madre**, parecen ser escritas con algún fervor de amor de Dios, cuya sabiduría y amor es tan inmenso, que, como se dice en el libro de la Sabiduría (8, 1), *toca desde un fin hasta otro fin,* y el alma que de él es informada y movida, en alguna manera esa misma abundancia e ímpetu lleva en su decir, no pienso yo ahora declarar toda la anchura y copia que el espíritu fecundo del amor en ellas lleva; antes sería ignorancia pensar que los dichos de amor en inteligencia mística, cuales son los de las presentes canciones, con alguna manera de palabras se pueden bien explicar; porque el Espíritu del Señor que *ayuda nuestra flaqueza,* como dice

san Pablo (Rm 8, 26), morando en nosotros, *pide por nosotros con gemidos inefables* lo que nosotros no podemos bien entender ni comprehender para lo manifestar. Porque ¿quién podrá escribir lo que a las almas amorosas, donde él mora, hace entender? Y ¿quién podrá manifestar con palabras lo que las hace sentir? Y ¿quién, finalmente, lo que las hace desear? Cierto, nadie lo puede; cierto, ni ellas mismas por quien pasa lo pueden. Que esta es la causa por que con figuras, comparaciones y semejanzas, antes rebosan algo de lo que sienten, y de la abundancia del espíritu vierten secretos misterios, que con razones lo declaran.

Las cuales semejanzas, no leídas con la sencillez del espíritu de amor e inteligencia que ellas llevan, antes parecen dislates que dichos puestos en razón, según es de ver en los divinos Cantares de Salomón y en otros libros de la Escritura divina, donde, no pudiendo el Espíritu Santo dar a entender la abundancia de su sentido por términos vulgares y usados, habla misterios en extrañas figuras y semejanzas. De donde se sigue que los santos doctores, aunque mucho dicen y más digan, nunca pueden acabar de declararlo por palabras, así como tampoco por palabras se pudo ello decir; y así, lo que de ello se declara, ordinariamente es lo menos que contiene en sí.

2. Por haberse, pues, estas canciones compuesto en amor de abundante inteligencia mística, no se podrán declarar al justo, ni mi intento será tal, **sino solo dar alguna luz en general, pues vuestra reverencia así lo ha querido, y esto tengo por mejor, porque los dichos de amor es mejor dejarlos en su anchura** para que cada uno de ellos se aproveche según su

San Juan de la Cruz instruye a la Beata Ana de Jesús. Carmelo de Bruselas.

modo y caudal de espíritu, que abreviarlos a un sentido a que no se acomode todo paladar. Y así, aunque en alguna manera se declaran, no hay para qué atarse a la declaración; porque la sabiduría mística (la cual es por amor, de que las presentes canciones tratan) no ha menester distintamente entenderse para hacer efecto de amor y afición en el alma, porque es a modo de la fe, en la cual amamos a Dios sin entenderle.

3. Por tanto, seré bien breve, aunque no podrá ser menos de alargarme en algunas partes donde lo pidiere la materia y donde se ofreciere ocasión de tratar y declarar algunos puntos y efectos de oración, que, por tocarse en las canciones muchos, no podrá ser menos de tratar algunos. Pero, dejando los más comunes, notaré brevemente los más extraordinarios que pasan por los que han pasado, con el favor de Dios, de principiantes. Y esto por dos cosas: la una, porque para los principiantes hay muchas cosas escritas; la otra, **porque en ello hablo con vuestra reverencia por su mandado, a la cual Nuestro Señor ha hecho merced de haberla sacado de esos principios y llevádola más adentro del seno de su amor divino**. Y así espero que, aunque se escriben aquí algunos puntos de teología escolástica acerca del trato interior del alma con su Dios, no será en vano haber hablado algo a lo puro del espíritu en tal manera; pues, **aunque a vuestra reverencia le falte el ejercicio de teología escolástica, con que se entienden las verdades divinas, no la falta el de la mística**, que se sabe por amor, en que no solamente se saben, mas juntamente se gustan.

4. Y porque lo que dijere (lo cual quiero sujetar al mejor juicio, y totalmente al de la Santa Madre Iglesia)

haga más fe, no pienso afirmar cosa de mío, fiándome de experiencia que por mí haya pasado, **ni de lo que en otras personas espirituales haya conocido o de ellas oído (aunque de lo uno y de lo otro me pienso aprovechar),** sin que con autoridades de la Escritura divina vaya confirmado y declarado, a lo menos, en lo que pareciere más dificultoso de entender. En las cuales llevaré este estilo: que primero las pondré la sentencia de su latín, y luego las declararé al propósito de lo que se trajeren; y pondré primero juntas todas las canciones, y luego por su orden iré poniendo cada una de por sí para haberla de declarar; de las cuales declararé cada verso poniéndole al principio de su declaración, etc.»[21].

Una de las obras cumbres de la espiritualidad, el *Cántico Espiritual* está dedicado, y sobre todo realizado, a petición de la ya beata Ana de Jesús. Esto nos sirve para entender que, san Juan de la Cruz, al igual que lo hiciera santa Teresa de Jesús, escriben sus tratados espirituales para y por las monjas y frailes del Carmelo Descalzo. Ellos expresan lo que han vivido en su itinerario espiritual, además de lo que han podido vislumbrar en otras almas, en este caso no hay que olvidar que durante bastantes años, en Beas y luego en Granada, Juan de la Cruz es el confesor y maestro espiritual de Ana de Jesús.

Durante este período granadino la intimidad espiritual entre san Juan de la Cruz y Ana de Jesús es muy grande. Uno de los hechos más narrados en las biografías sanjuanistas es el de dejar sin comunión en la Eucaristía a la Beata. Durante varios días el Santo da la comunión a todas las monjas de la comunidad,

---

[21] *Obras Completas de san Juan de la Cruz*, Ed. preparada por Eulogio Pacho, 10.ª ed., Burgos, 2021, pp. 847-850.

excepto a Ana de Jesús. Era una forma de enseñar por parte del Santo a que la Beata deseara comulgar con más intensidad. Al final del tiempo decidido por san Juan de la Cruz para que no comulgara, el santo de Fontiveros da la comunión a Ana. En este momento la Beata siente el corazón henchido de alegría. Este es el motivo por el que en la iconografía de la beata Ana aparezca en algunas tallas e imágenes con el corazón en la mano rodeado de llamas, o con el corazón sobresaliendo de su hábito. Iconografía que resalta el fuerte amor a la Eucaristía y el pecho del amor de la Beata muy encendido.

El 4 de octubre de 1582 muere Teresa de Jesús en Alba de Tormes (Salamanca) por la reforma del Calendario Gregoriano su fiesta se celebra el 15 de octubre. Así narra su muerte la beata Ana: «… que murió nuestra santa madre Teresa de Jesús el año de ochenta y dos en Alba, el día de San Francisco, en el mismo día que se consumieron los diez días que andaban sobrados del tiempo»[22].

La muerte de la Santa la sintió la Beata de una manera paranormal, acompañada en este trance por su confesor, san Juan de la Cruz. «En estos días yo estaba adonde digo muy mala con tan recia enfermedad, que me tenían desahuciada los médicos. Y el confesor que era prior del convento de nuestra Orden que hay allí en Granada, me había estado toda aquella noche esperando a que me diesen lugar unos grandes paroxismos que tenía para poder recibir el Santísimo Sacramento. En dándomele, pedí me dejasen sola. Y al punto vi junto a la cama una monja de nuestro hábito, de la misma manera que andamos, tan gloriosas y cubierta de resplandor, que no me dejaba bien percibir el rostro. Mas mirándola, decía: yo conozco esta monja. Y ella sonreíase y acercábaseme más; y mientras más cerca, menos la

---

22  BMC, 29, p. 114.

podía ver, porque a mi parecer me estorbaba el gran resplandor que traía en todo el cuerpo, y más el de la frente, que de sien a sien era excesivo. Y así mirándola, poníame gran estimación en nuestro estado. [...] yo comencé a estar mejor y tanto, que causó admiración a los médicos ver cuán en breve estuve buena. Y en comenzándome a levantar, llegó la nueva de que Dios había llevado a nuestra Santa Madre»[23].

Una vez muerta santa Teresa le enviaron a la Beata reliquias de la madre fundadora. «en muriendo la dicha madre, me enviaron a Granada un pedazo de la sábana en que había muerto y otras partes de sus cosas y hábitos, en que iba en olor y color de óleo que hoy sale de su cuerpo». Más adelante nos cuenta que por medio de estas reliquias se sanó de la peste san Juan de la Cruz. «En viniendo los médicos la mandaron cerrar, tanto que viniendo personas graves aquel día a visitarle, no consentimos entrasen. Y todos estábamos rogando a Dios fuese servido de atajarlo, porque no infeccionase al convento ni tocase a nadie. Y para esto nos ayudamos de una reliquia de la Santa Madre que le enviamos se pusiese en la herida, con que luego mejoró, de arte que le pudieron llevar a su convento y estuvo bueno. Y vivió más de seis o siete años después, que era el padre fray Juan de la Cruz»[24].

En julio de 1584 las monjas de Beas de Segura eligen a la madre Ana de Jesús, priora de Granada, como priora de este monasterio jienense. Ella misma lo dice en una carta a la M. María de San Ángel de Salamanca. La carta está escrita en Granada y fechada el 9 de septiembre de 1584. Y nos da este dato con esta expresión tan coloquial. «Las de Beas han estado ahora muy bobas, que me volvieron a elegir priora de allá, viendo que no basto en Granada»[25]. Este mismo año de 1584, san Juan de la

23  BMC, 29, pp. 114-115.
24  BMC, 29, p. 122.
25  BMC, 29, p. 151.

Cruz dedica y entrega a la Beata el *Cántico Espiritual* (Cántico A), en unos cuadernos manuscritos. Dichos autógrafos los tuvo Ana de Jesús hasta 1586.

A finales de 1584 el P. Jerónimo Gracián, provincial, al salir para Lisboa para fundar el monasterio de Descalzas, deja como Vicario para los conventos de Andalucía a san Juan de la Cruz. Es por ello que el santo encarga a la madre Ana que trámite la fundación de monjas en **Málaga**. En enero de 1585, al concluir el primer trienio de la Beata como priora de Granada, es elegida por la comunidad por segunda vez. El 17 de febrero de 1585 se erige canónicamente el monasterio de Descalzas de Málaga. Las monjas fundadoras provienen en su mayoría de los monasterios de Beas de Segura y de Granada. Por esto podemos afirmar que la fundación de Málaga tiene mucho de la beata Ana de Jesús, aunque ella en persona no fuera a Málaga, pero sí sus hijas. El 24 de diciembre de 1585 la M. Ana cae gravemente enferma, san Juan de la Cruz le administra el sacramento de la Unción de Enfermos. Es en este tiempo cuando la Beata compone su poesía[26] al Niño Jesús.

1. *Sal acá fuera, querido /*
   *Darémoste el corazón /*
   *y tú tomarás posesión. /*

2. *Sal acá fuera, querido, /*
   *ya del vientre de tu madre, /*
   *debajo de las alturas, /*
   *que allí tienes a tu Padre. /*

3. *Que no te entrega nadie, /*
   *hasta verte, el corazón /*
   *y tu tomarás posesión. /*

---

[26] Tres poesías se conservan de la Beata. Nosotros introducimos la primera que compuso. BMC, 29, p. 291.

Aparición de Santa Teresa a la Beata Ana de Jesús en la fundación del Carmelo de Madrid.
Carmelo de Bruselas.

## • MADRID

En enero de 1586 el cardenal de Toledo, no existía la diócesis de Madrid, da permiso para que frailes y monjas puedan fundar sendos conventos en la villa y corte de Madrid. El de frailes se erigirá en 1586 y tendrá por titular a san Hermenegildo (actual parroquia de san José de Madrid, en la Gran Vía). En julio de este año, y antes de partir como fundadora a Madrid, acompañada por san Juan de la Cruz, deja los escritos que conservaba del Santo, donde estaba el *Cántico Espiritual*, a la novicia Isabel de la Encarnación. Esta religiosa fue destinada primero a Baeza y luego a Jaén, y es por esto que el códice de san Juan de la Cruz, llamado de Jaén, se conserva en esta ciudad andaluza.

En julio sale el séquito monjil, acompañado por el padre fray Juan de la Cruz, con destino a Madrid. Pasan por los monasterios de Beas y de Malagón. Las monjas destinadas a Madrid proceden de Granada, Malagón y Toledo. El 7 de septiembre llegan a Illescas y en noche cerrada entran en Madrid y pasan la noche en la casa de D. García de Alvarado, mayordomo de la emperatriz María de Austria. El 8 de septiembre visitan a las Franciscanas Descalzas Reales y saludan a la emperatriz María de Austria y a su hija, la princesa doña Juana.

El 16 de septiembre de 1586 las monjas se instalan en su nuevo monasterio, y al día siguiente se celebra la primera misa, oficiada por monseñor Neroni. El monasterio queda nominado de Santa Ana[27]. Será en abril de 1588 cuando las monjas descalzas se trasladen al sitio que durante tantos años será su sede y que hoy es la Plaza de Santa Ana de Madrid. Las elecciones a priora

---

[27] La plaza se encuentra en el espacio de la manzana que hasta 1810 ocuparon la iglesia, monasterio, jardines y huertos del convento de las religiosas carmelitas descalzas.

fueron presididas por el P. Provincial Nicolás Doria saliendo elegida la madre Ana de Jesús.

Un año después, en 1587, la madre Ana de Jesús prepara los trámites para las fundaciones de monjas carmelitas en **Valencia** y **Huete** (Cuenca).

La madre Ana de Jesús, como ella misma nos participa, fue recogiendo los libros y papeles de santa Teresa. En cierta medida fue la principal valedora para que se imprimiesen las obras de santa Teresa. «Y así los que se imprimieron y andan ahora impresos se sacaron de los originales de su propia letra. Y yo, con licencia y orden de los prelados, los junté, que estaban en diferentes partes, para darlos al maestro fray Luis de León, que fue a quien los remitió el Consejo Real. Y él, sin mudar palabra de lo que hallo escrito de nuestra madre Teresa de Jesús, dio la censura para que se imprimiesen los tres que andaban impresos, que es el de su *Vida* de la Madre, y el segundo se llama *Camino de Perfección* y el tercero de *Las Moradas*. De estos tiene los originales el rey en la librería de San Lorenzo»[28]. Fue la emperatriz María de Austria la que hizo que el encargado de esta edición fuera fray Luis de León, máxima figura de la época en cuestiones textuales. El definitorio de los Carmelitas y el Consejo Real hicieron suya la propuesta de la emperatriz. Esta edición de fray Luis de León vio la luz en la imprenta Foquel de Salamanca en 1588.

En 1587 la madre Ana emite su *Declaración sobre la Familiaridad y Conventualidad de santa Teresa de Jesús en el proceso que corre entre los conventos de San José de Ávila y el de Alba por la posesión del cuerpo de la santa*[29].

---

[28] BMC, 29, p. 127.
[29] BMC, 29, pp. 79-87.

El 17 de septiembre de 1587 concluye su trienio como priora de Madrid pero sigue como vicaria hasta el 18 de noviembre. En esta fecha es elegida como priora la M. María de la Natividad y la M. Ana es propuesta para ir de fundadora a Génova. Esto último quedó en un proyecto frustrado. Estos años serán de los más complicados en la vida de la Beata. Surge, en primer lugar, el problema de la Consulta, y, en segundo lugar, el tema de la reforma de las Constituciones de las Carmelitas Descalzas. Es uno de los temas que más tinta ha vertido en la historia del Carmen Descalzo, y además con opiniones dispares. Vemos como en 1588 a la M. Ana de Jesús se expresa en estos términos y alaba hasta la nueva idea de gobierno de la Consulta con estas palabras: «A todas nos ha parecido muy viene esto y lo de nuestro gobierno y tienen por orden del cielo. Es con autoridad y mandato apostólico el quedar juntas a solo el vicario general; que en cualquier cosa que nos importe ha de tomar parecer de seis consiliarios, con quien manda el Papa consulte todos los negocios. Gran bien ha sido no quedar los nuestros repartidos entre cinco provinciales que se han hecho, sino sólo a una parte, donde con unidad y conformidad se haga todo lo que nos toca y se cumpla lo que nuestra Santa Madre deseó y entendió, que siempre tendríamos un gobierno y estaríamos [sujetas] a un prelado»[30]. A la madre Ana le parece esto bien pues ya no tienen que acudir a los provinciales sino solo al padre vicario general. «Que era mucho trabajo tenerlos con [los] frailes y haber de andar escribiendo a tantos». Según estas palabras la Beata estaba de acuerdo con esta nueva forma de gobierno. Informa a María de San Jerónimo que: «En cada convento de ellos tendrán señalados dos padres, que nos confiesen cuando quisiéramos llamarlos, y uno sea como procurador para que entienda en los negocios que le quisiéramos encomendar; y a lo que es decir misa y predicar

---

[30] BMC, 29, Carta a María de San Jerónimo, OCD, en Ávila, Madrid 2 de julio de 1588, pp. 152-153.

vendrán todos cuando hubiere necesidad, sin que tengamos que andar en dádivas y regalos». Casi dos años después, en abril de 1590, escribe a su prima María de San Ángel, y no deja de ser casual que invite a su prima hermana a padecer por Cristo. Igual estas palabras traslucen el sufrimiento que estaba pasando la propia Ana por la injerencia del P. Doria en las Constituciones de las monjas. Estas palabras parecen confirmar lo que expongo: «Bendito sea el que se le ha dado, que harto se lo he yo suplicado, presentando a Su Majestad, lo mucho que debo a mi hermana, para que so lo pague en ayudarla en todo; no quitándole de ello el padecer, que es el mayor don que en este mundo recibimos, sea en lo que fuera, que a mis amigos no les deseo otra cosa»[31].

En 1590, el 5 de junio, emite el breve *Salvatoris* que confirmaba y reformaba las Constituciones de las Carmelitas Descalzas[32] aprobadas en el Capítulo de Alcalá de 1581. Por otro lado ponía el gobierno de las monjas exclusivamente bajo el vicario general OCD. y un comisario general, desmantelando así el gobierno colectivo de la Consulta, querido por el P. Nicolás Doria y aprobado por el nuncio en febrero de 1588. El breve *Salvatoris* llegó a España en verano de 1590, habiendo muerto ya Sixto V. La ejecución del Breve tenía que ser puesta en vigor por D. Teutonio de Braganza, arzobispo de Évora y fray Luis de León, los cuales no consiguieron llevarla a buen término debido a la oposición de los frailes que gobernaban la Orden. La carta que nos informa de esto y de la llegada del Breve y de la comisión de fray Luis de León para llevar a buen puerto su ejecución, es de Ana de Jesús en el verano de 1590. Es una carta escrita a todas las prioras. «Harto nos ha hecho aquí en cosas de que gozará toda la Orden, que ha habido ocasión con la venida de este breve de

---

[31] BMC, 29, Carta a María de San Ángel, OCD, en Salamanca, Madrid 11 de abril de 1590, p. 156.

[32] Antonio Fortes, «Textos constitucionales de las Carmelitas Descalzas (1562-1982)» en *Monte Carmelo*, vol. 97 (1989) pp. 89-125; 483-518.

muchas cosas tocantes a nuestro gobierno. Acertadísimo pienso que ha de ser el que se nos va concertando, sin las zozobras que podíamos tener entre tantos prelados»[33].

Desde el verano de 1590 hasta finales de 1594 no conservamos carta alguna de Ana de Jesús. La hicieron callar y así comienza uno de sus períodos de Noche Oscura.

En 1591 fray Luis de León dedica a Ana de Jesús el *Comentario al libro de Job*, que el agustino había comenzado en 1578. Cuando la M. Ana esté en Bruselas una de sus inquietudes más grandes, así lo demuestran muchas de sus cartas, será la de imprimir dicho libro. No lo consiguió. Fue impreso por vez primera en Madrid en 1779. La Beata escribió la *Declaración sobre los trabajos de Luis de León*[34].

El 13 de septiembre de 1591 el visitador del monasterio de Santa Ana de Madrid, depone a la priora María del Nacimiento y nombra a la M. Mariana de San José, del monasterio de San José de Ávila que viene acompañada por Ana de San Bartolomé. Son castigadas todas las monjas del monasterio de Santa Ana, especialmente Ana de Jesús, a quien se prohíben las visitas y es privada de la comunión diaria. Comienza el particular calvario de Ana de Jesús que viene ocasionado por su defensa a ultranza de las Constituciones teresianas aprobadas en el capítulo de Alcalá de 1581. El P. Doria quiso hacer modificaciones, muchas de las monjas no estaban de acuerdo con ellas. El propio san Juan de la Cruz se puso de parte de las monjas capitaneadas por María de San José (Salazar) y Ana de Jesús. Ello le valió a san Juan de la Cruz el ser destinado al Virreinato de la Nueva España (que corresponde poco más o menos con el estado actual de México), aunque murió antes de poder partir a su nuevo destino en Úbeda

---

[33]  BMC, 29, A una priora Carmelita Descalza, Madrid, verano de 1590, pp. 157-158.
[34]  BMC, 29, pp. 87-90.

el 14 de diciembre de 1591. La madre María de San José será llevada de Lisboa a Cuerva y allí morirá (1603). El P. Jerónimo Gracián en 1592 será expulsado de la Orden. La Beata será destinada a Salamanca, monasterio donde había profesado. Así narró el P. Silverio el castigo sufrido por la madre Ana de Jesús:

> «A nuestra Venerable castigó encerrándola en una celda y privándola de voz activa y pasiva por tres años. También le quitó la comunión diaria. Abrigó el propósito el P. Doria de sacarla de Madrid; pero no se atrevió por la popularidad que gozaba Ana de Jesús. Cuando la Emperatriz supo su situación se trasladó a Santa Ana para verla, se lamentó de lo hecho y le propuso llevarla a las Descalzas Reales, con promesa de obtenerle indulto de Roma para vivir con ellas toda la vida. La Venerable agradeció a la buena señora sus atenciones, pero la aseguró que ni por aquello, ni por nada del mundo, dejaría el hábito que vestía; y tan inflamado elogio le hizo del padecer y de la excelencia de la vocación al Carmelo, que la Emperatriz salió edificadísima y cada vez más convencida que Ana de Jesús era una santa»[35].

## • SALAMANCA

En 1594 la Beata deja su conventualidad de Madrid. En verano sale la M. Ana de Jesús, con la M. María de San Jerónimo y Ana de San Bartolomé. Van acompañas de dos frailes. En Ávila están varios días. En septiembre de este año Ana de Jesús es destinada a Salamanca, antes se detiene en Alba de Tormes. Allí está presente cuando se abre la caja de hierro[36] que albergaba

---

[35] HCD, vol. VIII, p. 501.
[36] También refiere este hecho en una carta a María de la Encarnación en Madrid. Está escrita en Salamanca en 1594. «Estando yo muy gozosa, hija mía, mirando y

el cuerpo de la Santa, para ponerla en un arca nueva donada por la duquesa de Alba. El brazo de la santa fue colocado en un relicario de plata para ser expuesto a la veneración de los devotos. Así lo vivió la Beata y nos sirve también para recordar la última apertura, realizada a finales de agosto de este año de 2024.

«Y ahora dos años, viniendo yo a esta casa de Salamanca, pasando por la nuestra de Alba, donde está su cuerpo, que por diligencias que se han hecho los duques de Alba lo volvieron allí de Ávila, y como está en contienda de si ha de quedar allí o no, tiénenle los prelados tan guardado, que había mucho no le dejaban ver. Y a mí me dieron licencia para que hiciese descerrajar una arca de hierro en que estaba clavado con tres llaves. Al tiempo que se abrió estaba conmigo todo el convento y los mismos padres que me traían, que el uno de ellos era definidor de toda la Congregación, llámase fray Juan de Jesús María, y el compañero, el padre fray Diego de San José. Estando mirando el cuerpo con gran reverencia, porque pone mucha la entereza y olor que tiene y la frescura y blandura de sus carnes, que así se puede palpar como de cuerpo vivo, yo comencé a menearle y mirarle con mucha atención. Y vi hacia las espaldas una parte tan colorada, que dije a todos que lo viesen, que parecía tenía allí la sangra viva. Toquélo con un lienzo y luego se tiñó de sangre. Díselo a los padres, pidiendo otro, que también se tiñó de sangre en llegándole, estando sano el cuerpo, y sin ninguna herida.

---

venerando el cuerpo de nuestra Santa Madre, que lo teníamos en pie, y mirándole las espaldas, vi que estaban muy encendidas, que parecía querían verter sangre. Pedí me diesen presto un paño; y limpiándoselas, le saque empapado en ella, [etc.]». BMC, 29, p. 159.

Devoción a la Eucaristía de la Beata Ana de Jesús.

Yo me quedé sobre la parte del cuerpo donde la sangre salía caído el rostro, pensando en tan gran maravilla, que lo era [que] a cabo de doce años que era muerta, tener la sangre tan viva. Y ocupada en esto y en otras cosas, no me acordé de pedir los paños que se habían teñido. Lleváronlos los religiosos que digo estaban presentes a Madrid y mostraron allá uno de ellos al padre fray Diego de Yepes, confesor del rey, que les pidió se le diesen para mostrar a Su Majestad, con relación de todo lo que en ello había pasado. Y así se la hicieron. De dónde resultó mandar se prosiguiesen las informaciones para su canonización, que por autoridad apostólica estaban comenzando a hacer más había de cinco años, que el Prior de San Juan, don Hernando de Toledo, había dejado catorce mil ducados en su testamento para ello; que le escribió de Roma el cardenal Deza [que] bastaba, por estar tan manifiesta y viva la santidad y memoria de nuestra Madre.

Al tiempo que digo vi su cuerpo, que no le volví al arca de hierro en que estaba, sino a una muy rica que la duquesa doña María de Toledo la tenía hecha, con unas planchas doradas, en que están esculpidas unas letras que el maestro fray Diego de Yanguas, de la Orden de los Predicadores, que es ahora confesor de la misma duquesa de Alba y lo fue mucho tiempo de nuestra Santa Madre, compuso a propósito de lo que de ella sabía. Esta arca que digo quedó cerrada y llevaron la llave a nuestro padre general. Que sólo un brazo tiene fuera el convento en una caja de plata, para mostrar a las que la van allí a visitar, que es mucha la devoción que les hace»[37].

---

37  BMC, 29, pp. 124-125.

De esta década salmantina apenas tenemos noticias, son los años que corresponde de 1594 a 1604. Es curioso ver como escribe una carta a una hermana lega que moraba en el monasterio de Santa Ana de Madrid, donde ella fue fundadora. Recuerda a todas sus hermanas de hábito con estas palabras: «Encomiéndemelos [se refiere a los parientes de la monja] en particular a cada uno por sí cuando les vea; y siempre que me escriban, me digan de la salud de todas. Désela Dios como se lo suplico y el remedio que puede a sus hermanas; y las de su casa lo que deseo para mi alma, que en ella las tengo a todas y más a las que fueron más perfectas». Pregunta igualmente por otras dos hermanas legas: Catalina de San Alberto e Isabel Bautista. Todo ello nos demuestra su amor y cercanía por las que habían sido sus hermanas en Madrid, y la delicadeza de recordar sobre todo a las hermanas legas, y afirma que «De las de coro no trato porque pienso andan muy aventajadas en todo y así me lo dice mi madre Priora»[38].

La beata Ana toma como confesor a un sabio carmelita descalzo, el P. Francisco de Santa María (Pulgar), autor de los dos primeros tomos de la historia de la Orden, que llevan por título *Reforma de los Descalzos*. Trata con profesores eminentes y sabios de la Universidad de Salamanca. Entre ellos debemos destacar a: Domingo Báñez, Juan Alonso de Curiel, Agustín Antolínez, Diego de Guevara (del que se conservan unas cuantas misivas escritas por la Beata y a él destinadas), Juan Pérez, y otros catedráticos. De 1596 a 1599 es elegida priora de Salamanca, con gran disgusto y hasta «bramidos» del prepósito general OCD, P. Elías de San Martín. En 1599 vuelve a ser elegida como prelada del monasterio, esta vez no hubo, que se sepa, bramidos

---

[38] Carta a una hermana lega en Madrid. Salamanca, 3 de octubre de 1601. BMC, 29, pp. 161-162.

y disgusto. En 1602 el cargo de priora recae en la madre Beatriz del Sacramento, hermana del duque de Alba.

A partir de 1602 comienza a escribir a fray Diego de Guevara, fraile agustino. Treinta son las cartas que conservamos de la M. Ana de Jesús a este fraile. Más de un treinta por ciento de la correspondencia que de la Beata tenemos está dedicada a este hijo de san Agustín. La última es de 1617, quince años en que ambos se cartearon. Diego de Guevara nació en Madrid en 1567 y murió en la misma ciudad en 1633. Fue un buen predicador y escritor espiritual. Llegó a ser provincial de la Provincia agustina de Castilla (1630-33). Nosotros nos fijaremos en los temas que tratan en las misivas de Ana de Jesús, solo en los temas que más conciernen a nuestra biografiada.

De la primera carta dirigida a Diego de Guevara, del 1 de diciembre de 1602, sabemos que la M. Ana estuvo destinada a fundar en Ciudad Rodrigo (Salamanca) y también le dice que puede ir destinada a Francia, si los superiores lo consideran oportuno. «En ella deseo se acuerde de mí, que me mandan ir a Ciudad Rodrigo. Quizá será antes de Pascua; que como ya está concedido, dan prisa; y también la dan para que me vuelva luego aquí. […] Y así he suplicado a nuestro padre general, que le piden monjas para fundar en Francia, que si las diere, sea yo una de ellas. Y esto es de veras, que en Paris está ya concertado»[39]. Esta es la primera noticia que tenemos de la probabilidad de ir a Francia de la beata Ana de Jesús. El 15 de marzo de 1603 le comunica a Guevara que ha estado enferma, que no pudo ir a «Ciudad Rodrigo, ni iré a Francia ni a ningún cabo, que por ahora todo está desconcertado». El 21 de junio de 1603 la madre Ana comunica al fraile agustino que está enferma, creemos que más bien está depresiva y que está deseosa de ir a Francia. Sus palabras

---

[39]  BMC, 29, p. 162.

atestiguan lo que entreveo en ellas: «Yo traigo poca [salud] desde la Semana Santa. Creo la cobraría si me concediesen la ida a Paris de Francia»[40].

## • FRANCIA

En 1603 D. Juan de Quintandueñas parte en el mes de octubre con su criado y otros señores franceses y señoras, viene hasta la criada de madame Acarie, para España, a fin de traer carmelitas descalzas españolas que puedan introducir la reforma teresiana en Francia. El 13 de noviembre de 1603 el papa Clemente VIII erige el monasterio de Carmelitas Descalzas en Paris, bajo la jurisdicción del Comisario Apostólico de los Carmelitas de la Congregación italiana y el gobierno de tres clérigos franceses: Santiago Gallemant, Pedro de Bérulle y Andrés du Val.

En 1604, el 4 de agosto, después de agotadoras sesiones y bajo amenaza del nuncio, el general de los Carmelitas Descalzos de la Congregación Española, P. Francisco de la Madre de Dios, firma el documento, por el cual se nombra las monjas carmelitas descalzas españolas que han de ir a Francia. La madre Ana de Jesús irá como priora del monasterio de Paris. El 20 de agosto la madre Ana de Jesús, junto con dos hermanas: Beatriz de la Concepción e Isabel de los Ángeles salen de su monasterio salmantino. El 23 de agosto llegan a Ávila y se les une la hermana Ana de San Bartolomé que también ha sido destinada a Paris. Se une al grupo la hermana Leonor de San Bernardo, conventual de Loeches y conocedora de la lengua francesa. Son despedidas y acompañadas en un tramo del viaje por el P. General. La comitiva pasa por Villacastín, Segovia y Aranda de Duero. En Burgos tienen una nueva incorporación al grupo fundacional: es la hermana

---

[40]  Ibídem, p. 168.

Isabel de San Pablo, que hablaba la lengua de Molière. Todo ello quedó plasmado en un escrito de la madre Ana de Jesús: *Relación del viaje a Francia y de la fundación de Paris, 1605*[41]. Está firmado por ella en Paris el 8 de marzo de 1605. Este escrito está hecho por petición de Diego de Yepes: monje jerónimo, natural de Yepes (Toledo), donde nació el 25 de noviembre de 1529. Fue obispo de Tarazona de 1599 a 1613. Murió en esta ciudad episcopal el 20 de mayo de 1613. Fue el segundo biógrafo de la madre Teresa de Jesús, aunque muchos estudiosos creen que esa biografía es del P. Tomás de Jesús.

La Relación comienza utilizando las palabras que nos informan de que la Beata no salió con gusto de España. Afirma que en Paris está «en este destierro», que vino a Francia por «dar gusto a su Divina Majestad» y «esto nos sacó de España». El destierro y el sacar nos muestran que la Beata no fue con deleite a esta misión fundacional. Afirma que el viaje era de 300 leguas, unos 1.448 kilómetros. De ellas 100 leguas hicieron andando. Eso sí, cuando entró en Francia comenzó a sentir un cansancio psicológico por ver «tan mal tratado al Santísimo Sacramento». La Beata nos recuerda a la Santa de Ávila con la afirmación de que los «luteranos» «quieren tornar a sentenciar a Cristo […], pues le levantan mil testimonios». «Quieren poner su Iglesia por el suelo» (Camino V, 1, 5). Podemos recordar algunas afirmaciones negativas de Teresa de Jesús contra los herejes. Son «traidores» de la causa cristiana y una «desventurada secta» (Camino V, 1, 2); «se quieren cegar y hacer entender que es bueno aquello que siguen» (Vida, 7, 4); sus almas son un espejo «quebrado» (Vida, 40, 5); por todo ello, se condenan al infierno (Camino V, 1, 4). Y, al final de las *Moradas*, pide a los lectores que oren para que Dios ilumine a los «luteranos» (conclusión, n. 4). Así la Beata afirma que «Casi todos los de estos pueblos eran herejes y veíaseles en

---

[41]  BMC, 29, pp. 132-144.

La Beata Ana de Jesús recibe el auxilio de la Virgen del Carmen
en las fundaciones de Francia y Flandes. Carmelo de Bruselas.

los semblantes que los tienen muy de condenados. Animábanos ver que veníamos a padecer con nuestro Esposo donde siempre le están crucificando». Palabras duras, las de la Santa de Ávila y de la Beata de Medina del Campo, que solo se entienden desde el pensamiento católico que imperaba en sus almas.

No todo era negativo. También hallaron frailes y monjas que estaban reformados y acordes con la Iglesia católica. La Beata cita a los «Capuchinos y Bernardos», también a las monjas «Benitas», «que nos recibían con gran aplauso y algunas cantando el *Te Deum* y derramando lágrimas de contento, porque veníamos a Francia». Se entrevistaron con algunos obispos franceses y las monjas les suplicaban «que compusiesen las iglesias y reparasen en el desacato que se hacía al Santísimo Sacramento». Para terminar, la Beata acaba diciendo que el haber visto tantos templos otrora suntuosos y hoy derrocados le hacía exclamar la teresiana frase de «Siempre le están crucificando».

Llegaron a Paris dos días antes del día de san Lucas, esto es o el 15 de octubre o el 16, los estudiosos de la Beata no se ponen de acuerdo. Describe Paris como una ciudad «grandísima». Lo primero que visitan es la abadía de San Dionisio que «está a dos leguas» de Paris. Compara esta abadía «que es nonada lo del Escorial, comparado con los tesoros que aquí hay». Y así describe la Beata española el templo francés: «Es tan admirable, que parece el de Salomón, porque no sólo las paredes, más el suelo que se pisa está labrado de oro. Las cajas y vasos en que están los cuerpos, que todos los descubrieron, que es cosa que con solos los reyes se hace, son preciosísimos. Esto no se puede decir cómo es; y las riquezas de coronas y cosas antiguas que allí tienen, hasta de los vasos que trajo la reina de Saba a Jerusalén al rey Salomón y mucho más que no lo sé escribir». Nos informa que en la actualidad viven en el monasterio 300 monjes benedictinos, que han de ser reformados por imperativo regio. Dos veces más visitó la Beata la abadía de San Dionisio.

Nos da un dato muy importante como es el de la irradiación de la espiritualidad teresiana en un monasterio benedictino femenino, con estas palabras: «Estando primero en un convento de monjas Benitas, que está donde martirizaron los santos. Y ellas lo son, que con los libros de nuestra Santa Madre ha dos años que se han reformado, de manera que en muchas cosas parecen de Descalzas».

## – Paris

Una vez que llegan al lugar destinado para monasterio e iglesia, la Beata afirma que si lo viera la santa de Ávila lo derribaría, sino fuera porque «la hubieran hecho seglares con piedad e ignorancia». El costo total de las obras era de 200 000 mil ducados y llevaban gastados 60 000 mil. Nos dice la Beata que el altar mayor estaba situado sobre la cueva en que vivió san Dionisio. La iglesia pertenecía a la abadía de Nuestra Señora de los Campos. Así lo describe la M. Ana: «La iglesia tiene diez capillas hermosísimas. Cada una parece un templo de los muy suntuosos de allí. […] Y hasta ahora tenía aquí un priorato, que nos han comprado, que es casa y hermosísima huerta y 400 ducados de renta. Estos se han siempre de distribuir en la iglesia; y así serán para misas y otras cosas de ella, y en esta casa, que está junto, estamos mientras se acaba la nueva».

El día de san Lucas, 18 de octubre, quedó inaugurado el nuevo monasterio. Nos dice la Beata que la clausura, «procuramos que sea con más rigor que en España. Y así a nuestra princesa, que tiene breve para ser fundadora y meter otra consigo, se lo hemos quitado». Hace referencia a la fundadora del monasterio, Catherine d'Orleans que era la princesa de Longueville. Ella fue la que obtuvo el permiso del rey de Francia, Enrique IV, para el establecimiento de las carmelitas descalzas españolas en Paris en julio de 1602. Recién hecha la fundación recibieron tres novicias, todas ellas francesas, dos señoras y la camarera de madame Acarie.

La jurisdicción del monasterio quedó así según la beata Ana: «Quedamos con tres sacerdotes doctos, a quien da el Sumo Pontífice el gobierno de este monasterio y de los que se fundaren en Francia en lo temporal. Y para la visita señala al prior de la Cartuja, mientras no hubiere frailes de nuestros Descalzos en Francia; que en habiéndolos, quiere Su Santidad sean ellos los prelados. Y de España no hay remedio con nuestro general quiera vengan; y así ando procurando nos amparen los de Italia». Los tres sacerdotes que nombra la M. Ana eran: André Duval, Jacques Gallemant y el futuro cardenal Piérre de Bérulle. Visitador apostólico fue nombrado el comisario apostólico de Italia, que era entonces el P. Pedro de la Madre de Dios, y mientras no funden en Francia los Carmelitas Descalzos fue nombrado el prior de la Cartuja[42]. Es necesario saber que en 1600 la Orden de los Carmelitas Descalzos se había separado en dos Congregaciones, la denominada de España (que tenía jurisdicción sobre todos los territorios peninsulares y lugares que poseía la monarquía hispánica) y la Italiana que tenía jurisdicción sobre el resto del mundo que no pertenecía a la corona hispánica. En Francia todavía no había frailes de la Congregación italiana y el general de España no podía mandarlos por no ser Francia de su jurisdicción.

Nos informa la beata Ana que habían recibido «17 novicias de lo más católico y principal de aquí. No he querido admitir ninguna que haya nacido ni criádose en herejía; más ha de ser imposible excusarlo en este reino, por estar todo tan mezclado». La última

---

[42] En el Capítulo de la Cartuja celebrado del 10 al 19 de mayo de 1605 declinó que el prior de la Cartuja fuera el visitador apostólico de las Carmelitas Descalzas en Francia. En septiembre de 1606 el Papa decidió que fuera el nuncio en Paris el que llevara ese encargo.

Poder de la Beata Ana de Jesús sobre los demonios. Carmelo de Bruselas.

frase hay que leerla con detenimiento. Ana de Jesús era de la idea de no admitir a nadie que proviniera del mundo protestante, aunque no deja de reconocer que esto le parece imposible. Y así será, al principio se niega, pero poco a poco entra en razón y admite a estas vocaciones.

## – Pontoise

Así dejó la madre Ana la fundación de Pontués, así españoliza ella el término francés de Pontoise. Las fundadoras salen de Paris el 14 de enero de 1605 y al día siguiente llegan a la nueva fundación. El día 16 es erigido canónicamente el monasterio bajo la advocación de San José. El fundador fue el hermano del rey de Francia, arzobispo de Rouen, y nombrado cardenal poco tiempo después. «Ya hemos fundado otro convento siete leguas de aquí, en una ciudad que se llama Pontués, que no se pudo excusar, porque lo quiso el arzobispo de Rouen, que es hermano de este rey [Enrique IV] y vase a ser cardenal a Roma y gustó quedarse hecho antes. Dimos aquí el velo negro con toda solemnidad a la hermana Ana de San Bartolomé, para que fuese allí priora. Fui con ella y otras dos de las de España a fundarlo. Hallélo tan acomodado, que en llegando se pudo poner el Santísimo Sacramento y la clausura y dar el hábito a cuatro novicias muy buenas. Y con otras que di de esta casa, que hemos recibido ya 17, y con la madre Isabel de San Pablo, que es la de Burgos, que quedó por supriora, me pude volver a Paris dentro de ocho días, que deseaban harto mi vuelta».

Termina su relación mostrando su vida en Paris. Afirma que es mucho el amor que les han tomado los franceses, «y es milagro porque tienen poquísimo a los de España». España era la potencia hegemónica en Europa por estas fechas y Francia era una potencia emergente gracias a Enrique IV, el de «Paris bien vale una misa», que llegó al trono en 1589 tras su conversión al catolicismo. Había conseguido en 1598 la Paz con España por el tratado de Vervins. Asimismo había promulgado el Edicto de Nantes (1598) con el que se garantizaba la libertad religiosa. Es en este contexto desde el que hay que entender las rencillas entre españoles y franceses. Por eso este monasterio de Paris regentado por una española y con novicias francesas era un buen ejemplo para la alta sociedad francesa del entendimiento entre ambas naciones. Con estas palabras lo expresó la Beata: «Y así se han espantado de ver tan gran amistad y conformidad entre nosotras y sus francesas; afirman no hay hijas de un padre y madre en este reino que así se amen». Nos anota, con cierta ironía, que la lengua francesa le estaba costando aprenderla: «Extraño modo es, no lo entiendo; ni el que tienen de hablar [francés], porque no se deja leer. Más hácenos Dios merced, que sin saber su lengua ni ellos la nuestra, nos entendemos y vivimos muy en paz, siguiendo en todo con puntualidad nuestra comunidad».

También nos apunta que vive con salud, pero nos muestra la morriña de España con estas palabras: «Su Majestad me ha dado salud desde que salí de España para poder andar en ella, aunque tan sin espíritu, que parece Dios y el alma se me quedaron allá». No solo parece tristeza de no estar en su tierra, parece apuntar a una especie de *Noche Oscura* de la que tanto y tan bien escribió su maestro san Juan de la Cruz.

Narra cómo la reina, la italiana María de Médicis (1573-1642) visitó el monasterio. «La Reina nos vino a ver luego que llegó a Paris, que no estaba en él cuando vinimos. Fuese tan aficionada, que quería volver». Muestra cómo tenían una visita acordada los reyes de Francia al monasterio, pero la Madre Ana les expresó que hasta que no estuvieran en la nueva morada no les convenía. Llama la atención a la Beata que las gentes comulguen todos los días, cuando ellas solo comulgan los domingos y días de precepto y los días que da permiso o la priora o el padre confesor. Muestra que tienen como confesores a los tres sacerdotes encargados de ellas, entre ellos, Bèrulle. A las españolas un clérigo que sabe español, Juan de Quintanadueñas, pero ella trata de invitar a sacerdotes de otras órdenes: «porque gocen de lo que nos enseña Nuestra Madre, voy con tiento, como no les conozco».

Termina la especie de misiva alabando a la madre Ana de san Bartolomé, «que está por priora en el segundo convento que digo que fundamos siete leguas de aquí; llámase de nuestro padre San José. Ella lo gobierna como santa, que ya sabe vuestra señoría lo es. Harta soledad me hace, aunque las que están conmigo me ayudan mucho, en particular las dos de Salamanca». Le pide a Yepes, obispo de Tarazona que le mande ciertos libros. Y le dice que lo haga de la siguiente manera: «Y por Bilbao y Barcelona es facilísimo traer cosas aquí por mar, vendrán ciertas. Y algunas cosas de perfumes para nuestra iglesia, que no las hay acá y vanse acabando las que traje de España». Y antes de firmar como Ana de Jesús, carmelita, lo data «en Paris, en este convento del glorioso San José de la Encarnación, a 8 de marzo de 1605 años…».

De esta época de Paris conservamos varias cartas de la Beata que nos sirven para conocer cómo se iba desarrollando la vida carmelitana en Francia. De enero o febrero de 1605 es una misiva a Pedro de Bérulle (1575-1629), fue, como hemos visto, uno de los tres superiores de las monjas carmelitas en Francia, para más tarde (1614) quedarse él y sus sucesores en el Oratorio como superiores de las Carmelitas Descalzas en Francia. Fue creado cardenal en 1627. En la primera carta agradece a Bérulle los confesores que había mandado al monasterio de Paris, y «que como se han de recibir más novicias, habrá más pecados»[43]. Vemos como la madre Ana se preocupa de que las monjas, sobre todo las francesas, que acaban de entrar tengan

---

[43]  BMC, 29, p. 178.

buenos confesores. La siguiente carta está destinada a Juan de Quintanadueñas de Bretyny, francés de origen español y el gran impulsor, como hemos ya visto, de traer las Descalzas españolas a Francia. La epístola está fechada en Paris el 10 de febrero y nos da la noticia que el P. Gracián se halla en Valencia «y vendrá presto por aquí, para ir a fundar a Milán conventos de nuestra Religión y volverse a ser descalzo; que le llaman para ello de Roma. Quizá nos iremos con él, dejando esto hecho. Dios ordene lo que más convenga». No se cumplió nada de lo que profetizó la Beata. Lo único que ocurrió, pero más adelante, fue la llegada del P. Gracián a Bruselas. En esta carta vemos la pasión que la madre Ana de Jesús tenía por el culto. Así le pide a Quintanadueñas que le traiga estas sustancias: «y háganos la caridad de procurar se nos traigan algunas cosas de olor de España, que luego daré lo que costaren; que aquí no hay entender qué es almizcle[44], ni algalia[45] ni estoraque[46] ni menjuy[47]». Toda una lección de perfumería la que nos ofrece la madre Ana de Jesús con estas sustancias olorosas dedicadas para el culto divino y para que su iglesia oliera bien.

---

[44] RAE. Sustancia grasa, untuosa, de olor intenso que algunos mamíferos segregan en glándulas situadas en el prepucio, en el periné o cerca del ano, y, por ext., la que segregan ciertas aves en la glándula debajo de la cola. Por su untuosidad y aroma, el almizcle es materia base de ciertos preparados cosméticos y de perfumería.

[45] RAE. Sustancia untuosa, de consistencia de miel, blanca, que luego pardea, de olor fuerte y sabor acre. Se saca de la bolsa que cerca del ano tiene el gato de algalia y se emplea en perfumería.

[46] RAE. Árbol de la familia de las estiracáceas, de cuatro a seis metros de altura, con tronco torcido, hojas alternas, blandas, ovaladas, blanquecinas y vellosas por el envés, flores blancas en grupos axilares, y fruto algo carnoso, elipsoidal, con dos huesos o semillas. Con incisiones en el tronco se obtiene un bálsamo muy oloroso, usado en perfumería y medicina.

[47] RAE. Menjuí o benjuí. Bálsamo aromático que se obtiene por incisión en la corteza de un árbol del mismo género botánico que el que produce el estoraque en Malaca y en varias islas de la Sonda.

## – Dijon

En 1605 comienzan los trámites para fundar en esta ciudad francesa. El 20 de junio el obispo de la diócesis da el permiso. La ciudad y el parlamento no la conceden hasta septiembre. Ana de San Bartolomé es nombrada vicaria de Paris. Antes, el 5 de junio monseñor Bèrulle, por medio de la madre Ana de San Bartolomé da el hábito a Clara del Santísimo Sacramento (D`Abra de Raconis), ex-calvinista. Esto disgusta sobremanera a la madre Ana de Jesús. Así lo escribió en nota el P. Silverio y parece que esta fue la razón fundamental de quitar a Ana de Jesús de Paris y dejar a Ana de San Bartolomé. El mismo autor cita este pasaje que toma de la *Vida* inédita que dejó escrita de Ana de Jesús el P. Luis de Santa Teresa, pág. 466: «Con pretexto de una nueva fundación que se ofreció en Dijón, los Superiores sacaron de Paris a la venerable M. Ana de Jesús, sustituyéndola por la M. Ana de San Bartolomé, en la confianza de que por ser ésta de carácter más blando, se la doblegaría con mayor facilidad en este punto de observancia; con todo, al experimentarla inflexible hasta en lo más mínimo, no le escasearon los malos ratos» (P. Bertoldo, tomo II, libro I, cap. VII)»[48]. Sobre este asunto la propia beata Ana de Jesús nos dejó su visión en esta carta dirigida a Bérulle. Comienza con una fina ironía contra el destinatario y le hace saber que está dispuesta a dejar Francia: «No sé si ha de querer Su Majestad sea en Francia, pues vuestra merced y el señor doctor Duvale me hallan tan inútil para ella. Y así pienso me corre obligación de hacer lo que Cristo Nuestro Señor manda: que donde nos recibiesen estemos y donde no, no». La Beata se expresa con una claridad meridiana. Y posteriormente hace un fuerte juicio de valor, sobre la beata Ana de San Bartolomé. Anteriormente la había tildado, como hemos visto, de santa. Ahora, por las circunstancias y por la intromisión de Bérulle en

---

[48]  HCD, vol. VIII, p. 506, nota 2.

Vénérable Mère Anne de Jésus

LETTRES

Cartas de Ana de Jesús.

Firma de Ana de Jesús.

la vida de las carmelitas, el juicio sobre su hermana será más severo. «Y la madre Ana de San Bartolomé no ha tenido ocasión hasta ahora para saber lo que monta el hacer o deshacer una Regla o Constitución, porque cuatro o cinco años que nuestra Santa Madre, antes que muriese, la trajo consigo, no era para que hiciese los negocios, sino para que la vistiese y desnudase, y ayudase a escribir algunas cartas…»[49].

A finales de mayo o principios de junio de 1605 escribe Ana de Jesús a Pedro Bérulle[50]. El tema principal es el de la sujeción de las Carmelitas Descalzas para que tengan como visitadores al general de la Cartuja en Francia. Los Cartujos, reunidos en capítulo no aceptaron tal propuesta. En septiembre de 1606 el Papa encargó que fuera el nuncio en Francia el que nombrara visitador para las Carmelitas Descalzas en dicho país. La madre Ana está conforme con lo que han decidido y se da cuenta, que el general de los Carmelitas Descalzos en España poco o nada quiere saber de las monjas españolas en Francia. Comienza alabando la hospitalidad francesa con las monjas españolas, con estas palabras: «… para memoria de las misericordias que Dios me hace en Francia, pues en ella he hallado la hospitalidad que toda mi vida he deseado». Y continúa alabando las atenciones de Bérulle con las carmelitas: «La mía ama entrañablemente a vuestra merced; y ahora veo claro que se lo debo, pues teniendo este información de mi general, me trajo acá. Diferente es lo que cada día él me escribe y lo que yo sabía allá de mi Orden».

El 15 de septiembre de 1605 salen las monjas de Paris en dirección a Dijon. La fundadora será Ana de Jesús, acompañada de Isabel de los Ángeles, Beatriz de la Concepción y de las

---

[49] BMC, 29, Carta a Pedro de Bérulle en Paris. Dijon, después del 8 de marzo de 1605, pp. 182-183.
[50] Ibídem, Carta a Pedro de Bérulle en Paris, hacia finales de mayo o primeros de junio de 1605, pp. 184-185.

novicias: María de la Trinidad y María de San Alberto, más dos postulantes. Pasaron y visitaron Claraval, lugar emblemático ligado a la persona de san Bernardo. El 20 de septiembre llegan a Dijon y al día siguiente se erige canónicamente el monasterio de San José de Dijon, tercera fundación teresiana en suelo francés. En el mes de octubre la beata Ana de Jesús enfermó de peste. El velo de santa Teresa de Jesús la curó de tal enfermedad. En Dijon la comunidad seguía creciendo. El 11 de octubre recibía el hábito Margarita de la Madre de Dios (Queny). El 30 de octubre se reciben a más postulantes y el 1 de noviembre la H. María de la Trinidad emite en Dijon la primera profesión que se realiza en Francia en manos de la beata Ana de Jesús.

En el año de 1606 la madre Ana trata con Bérulle de la futura fundación en **Amiens**. Ana de los Ángeles será designada como la nueva priora de esta nueva fundación francesa. Desde Dijon la madre Ana de Jesús escribe al Papa[51] pidiendo la dispensa del número de religiosas para Paris. El número máximo era el de 21 y pide dispensa para aumentar el número a 33 «deseamos sean por todas treinta y tres: veintinueve del coro, y cuatro legas». El 14 de mayo queda erigido canónicamente el monasterio de Amiens.

La princesa Isabel Clara Eugenia de Borbón (1566-1633), hija de Felipe II y soberana de Flandes (denominado también Países Bajos del Sur y desde 1830 Bélgica) junto con su marido el archiduque Alberto de Austria (1559-1621), una vez muerto su esposo pasó a ser gobernadora, escribe a la madre Ana de Jesús rogándole vaya a fundar a sus territorios. Así se expresó la princesa: «… ver en estos estados hijas de la madre Teresa de Jesús, Nuestro Señor no ha sido servido de cumplirme este deseo hasta hora, que espero no me neguéis el venir fundar aquí

---

[51]  BMC, 29, Carta al papa Paulo V, Dijon, 12 de marzo de 1606, pp. 189-190.

un monasterio…». Le pide que traiga las monjas que la madre Ana desee. Dice que es muy devota de la madre Teresa y que piensa que el monasterio se ha de fundar junto a su palacio. Hasta le dice la advocación que debe llevar el nuevo monasterio con estas palabras: «… que es nuestra intención que sea de «Santa Ana y San José», que bien se acomodaran la suegra y el yerno»[52]. Después de esta carta se dará una cascada fundacional por los estados gobernados por Isabel Clara Eugenia y su marido: Bruselas, Lovaina y Mons (1607). De 1608 a 1612 no se fundó ninguno pues estaban esperando la venida de los Carmelitas Descalzos de la Congregación Italiana.

Así y para ir adelantando la fundación en Bruselas, el nuncio en Flandes da poderes a los superiores franceses para nombrar un delegado de las Carmelitas Descalzas en esta nación. Es elegido Juan de Quintanadueñas de Bretigny.

## • FLANDES

### – Bruselas

La madre Ana deja Dijon en diciembre y se encamina hacia Paris. Llegan a la capital francesa: Ana de Jesús, Beatriz de la Concepción y María de San Alberto. Esto ocurre a primeros de enero de 1607. A los pocos días las monjas parten destino a Bruselas y pasan por los monasterios de Pontoise y Amiens. En total serán seis las carmelitas descalzas que vayan a fundar a Bruselas. El 22 de enero llegan a dicha ciudad y son recibidas en Palacio por toda la nobleza hispano-belga. El monasterio se erige en una casa provisional mientras se construía el nuevo. El 25 de enero se puso el Santísimo Sacramento y se impuso la clausura papal. Dos meses después, el 25 de marzo de 1607 se puso

---

[52]  BMC, 29, p. 377.

solemnemente la primera piedra del que había de ser el primer monasterio de Descalzas en Flandes. El 7 de abril la madre Ana escribe a su fiel confidente el fraile agustino, P. Guevara. En esta carta le muestra la intención que tiene de traducir los libros de la madre Teresa de Jesús al flamenco, «porque aunque muchos o casi todos hablan en francés, no lo saben leer». De hecho las obras de santa Teresa se editaron en flamenco en 1608, gracias a los Jesuitas. También le muestra la delicadeza de los archiduques en todo lo que se refiere a la fundación del monasterio de Bruselas: «Son tan buenos y ejemplares que se hacen amar y respetar. Nosotras no podemos decir lo que les debemos y la merced que en todo nos hacen y con la devoción y abundancia con que nos acuden, Vuestra paternidad crea que es como la de las Descalzas Franciscas de Madrid esta fundación. Y si tuviera monjas que me pudiesen ayudar, ya estuvieran hechas otras dos en las mejores ciudades de estos estados, que las desean en Amberes y en Lovaina y en Gante»[53].

El 4 de noviembre de 1607 la M. Ana de Jesús realiza la fundación del convento de carmelitas descalzas de **Lovaina**, bajo la advocación y protección del patriarca san José. Sabemos por una carta escrita por la Beata en 1608 que no estaba de acuerdo con el emplazamiento de la fundación: «Que pareciéndole a su merced y a los que vuestra merced dice bien esa casa, no era menester mi parecer; que no se inclina a casa oscura y húmeda para mujeres, que no han de gozar de otro aire. Es imposible dejar de ser enferma. Y como dije a vuestra merced, este trazador de Su Alteza tengo concertado vaya allá»[54]. El nuevo emplazamiento de esta fundación se realizará en 1620.

[53] BMC, 29, Carta a Diego de Guevara en Salamanca, Bruselas 7 de abril de 1607, p. 192.
[54] BMC, 29, Carta a Juan de Quintanadueñas en Lovaina, Bruselas, 25 de septiembre de 1608, pp. 223-224.

La Beata Ana de Jesús con el corazón en la mano, envuelto en llamas.

El 9 de noviembre sale la M. Ana para fundar en **Mons** y el 7 de febrero de 1608 se erige canónicamente el nuevo monasterio. Desde Mons escribe once misivas a la hermana Beatriz de la Concepción que es la supriora de Bruselas y ha quedado, por la ausencia de Ana, como responsable de la comunidad monástica. Las cartas son de diciembre de 1607, la primera; y la última de febrero de 1608. Este hecho nos demuestra cómo la madre Ana se preocupaba por la comunidad de Bruselas de la que era priora y asimismo cómo la gobernaba desde la ciudad de Mons. Beatriz de la Concepción (Zúñiga) nació en Arévalo (Ávila) en 1569. Entró en el Carmelo de Salamanca en 1592 y profesó al año siguiente. En 1604 fue escogida por la beata Ana para ir con ella a fundar a Francia. A partir de 1608 y hasta la muerte de la Beata en Bruselas, fue su compañera y su mano derecha, pues mientras Ana era la priora, Beatriz ejercía de supriora. Fue la que se ocupó de recoger todos los documentos para la causa de beatificación de la beata Ana de Jesús. Editó en 1628 el *Cántico Espiritual* de san Juan de la Cruz en español y consiguió que Dom Ángel Manrique escribiera la primera biografía de la madre Ana de Jesús. En 1630 volvió a Salamanca y tres años después fue nombrada priora de Salamanca. Murió en dicha ciudad en 1646. Las cartas de Ana a Beatriz rebosan de un amor de madre a hija en Cristo. En cierta medida se parecen a las que Teresa de Jesús escribía a sus hijas. Estas cartas nos muestran a una Ana de Jesús cercana, que se siente fundadora en Flandes, que gobierna desde la distancia su monasterio de Bruselas, que se preocupa por las enfermedades de sus súbditas. Vamos a mostrar las noticias más importantes que esta correspondencia entre hermanas nos desvela.

La primera carta data del 13 de diciembre de 1607. Llevaba poco tiempo en Mons y ya está deseando volver: «Dios lo sabe y el deseo que tengo ya de verme en casa». Podemos comprobar sus rasgos de fundadora y cómo hace una radiografía precisa de las hermanas con las que convive: «La María de San José, en lo que veo hasta ahora no vale nada. [...] La Claudina del Espíritu Santo es más de lo que pensamos; bien me ayuda y la María de Santa Ana. La Inés se mostró en llegando tan emparentada, que ainas la quitara el hábito. Ya está enmendada». Continúa diciéndonos que escribe a altas horas de la madrugada, siguiendo el ejemplo de santa Teresa. «Y es la una de la noche y quiere Alberta me acueste». Y termina la misiva demostrando su afecto a Beatriz de la Concepción con estas palabras: «Y yo de vuestra reverencia hasta la muerte»[55]. En el siguiente mensaje informa de que no encuentra un lugar dónde fundar el monasterio y las ganas que tiene de volver a Bruselas. «Su divina Majestad nos la haga de darnos un rincón en qué meternos y me deje ver presto a vuestra reverencia y a mis hijas»[56]. En la siguiente carta muestra las penalidades que pasa para poder encontrar casa, hecho que nos vuelve a recordar a santa Teresa: «¡Oh si viese, mi madre, lo que el demonio procura a estorbar esta fundación y con la fatiga que se va haciendo!». Vuelve a sentir la ausencia de Beatriz: «¿Qué haré sin la mi Beatriz?». Y como superiora que es la manda que se cuide y que coma durante quince días carne, para curar su catarro, «y en obediencia se lo mando y que se trate muy bien». Le pide que le escriba, que no puede sufrir tanto silencio y recuerda que ella ha escrito todos los días. Al sentirse fundadora le pide que la informe de la fundación de Lovaina. Y termina la misiva con la frase que ya empleo en otra carta: «Y yo de vuestra reverencia hasta la muerte»[57].

En el posterior escrito vuelve a demostrar el afecto a la H. Beatriz: «mi querida madre y verdadera hija de mis entrañas,

---

[55] BMC, 29, Carta a Beatriz de la Concepción, Bruselas. Mons, 13 de diciembre de 1607, p. 196.

[56] BMC, 29, Carta a Beatriz de la Concepción, Bruselas. Mons, 18 de diciembre de 1607, p. 198.

[57] BMC, 29, Carta a Beatriz de la Concepción, Bruselas. Mons, 28 de diciembre de 1607, p. 199.

que a tan buen tiempo me ha consolado con su carta». Y utiliza la expresión popular andaluza de «mi alma», recuerdo de sus años andaluces. Vuelve a mostrar todo su cariño por Beatriz y la comunidad de Bruselas y pide noticias del Carmelo de Lovaina como fundadora que es y así lo siente ella en su interior. En la carta del 14 de enero de 1608 muestra el trabajo que están padeciendo en encontrar casa, y cómo todavía no la han encontrado. Con fina ironía y gracejo nos muestra que les han regalado una campana, pero nada más. Y esto le sirve para introducir un dicho popular: «Fernán carretero, no tenéis vaca y ya tenéis cencerro». También habla de la fundación de Tours y dice: «Habremos de traer a Ana de San Bartolomé, que ya no se hace la fundación de Tur, donde decían la querían llevar». Por fin tienen casa en Mons y esperan poner el Santísimo Sacramento el día de la conversión de san Pablo, 25 de enero. No lo consiguen por el frío que está asolando a Mons. «No creerá el frío que hace. Es de manera que se han helado los pozos muy hondos y las cuevas y no hay oficial que pueda trabajar. Y así ha sido imposible poner el Santísimo Sacramento y la clausura, ni se podrá hasta que cese el hielo, que la tierra y el cielo no nos dan lugar». Narra sus fatigas de fundadora, que nos vuelven a recordar la frase de santa Teresa que no había dejado de hacer ninguna fundación, ni por frío, ni por calores… Así termina la carta del 24 de enero de 1608: «Yo lo estoy, aunque cansada de ver no podemos hacer nada. Veo es Dios el que lo estorba, y nos da tanto hielo, que escribo sobre la lumbre y a cada momento quito los hielos de la pluma. […] Y andamos tales de frío, que hoy ha quemado Leonor su manto; yo traigo un colchón en la cabeza. El que lo es de todos nos remedie»[58]. Por fin la fundación en Mons va quedando acomodada, así lo reflejó: «Ni aquí ha sido posible poner el Santísimo Sacramento hasta esta octava, [7 de febrero de 1608]

---

[58] BMC, 29, Carta a Beatriz de la Concepción, Bruselas. Mons, 24 de enero de 1608, p. 211.

que en paciencia se hace esta fundación, que en todo ha querido nuestro Señor la tenga; mas no me la da para estar sin vuestra reverencia»[59]. Su estancia en Mons se da por terminada y en su última misiva desde esta ciudad da una máxima espiritual a las profesas y novicias carmelitas de Bruselas. Se siente Madre de todas ellas. «Sean muy firmes en sus buenos propósitos: háganlos siempre de imitar a nuestro señor Jesucristo, que en padecer por Él está el verdadero amor; procurando cumplir en todo su voluntad divina, que es de que nos ajustemos con lo que profesamos. Y así le gozaremos aquí y en el cielo»[60].

La beata vuelve a Bruselas. En 1609 se inicia la tregua de los doce años entre Flandes y los Países Bajos del Norte (Holanda). Curioso, cuando menos, es notar cómo Ana de Jesús no se siente a gusto en Flandes. El motivo es el ver a personas de otras religiones, que no tratan al Señor como ella cree que deben hacerlo. Desea, o por lo menos así lo dice en esta carta, volver a España: «Si viese cuán mal tratan en estas tierras a nuestro buen Dios, no parecería nada lo que allá se padece. [...] Ya me falta el ánimo para estar donde con tanta publicidad se hace esto, y no veo la hora que volverme allá»[61].

En estas fechas se inicia una fuerte correspondencia para que los religiosos del Carmen Descalzo de Italia vengan a fundar a Flandes. Escriben, tanto la madre Ana como el archiduque de Austria al prepósito general de los Carmelitas Descalzos en Italia. Conservamos la carta que Ana de Jesús escribe al P. Ferdinando de Santa María, que era el prepósito general de la Orden. Le muestra todo lo que se ha hecho, tanto en Francia como en Flanes. Dice que llevan ya cinco años en estas tierras desde que fundaran en

*Flandes*

---

[59]  BMC, 29, Carta a Beatriz de la Concepción, Bruselas. Mons, 4 de febrero de 1608, pp. 216-217.

[60]  BMC, 29, A las profesas y novicias O.C.D. de Bruselas, Mons, 1608, p. 218.

[61]  BMC, 29, A Diego de Guevara, Salamanca. Bruselas 4 de julio de 1608, p.225.

Paris (Francia). Dice que han fundado diez conventos, en realidad eran nueve. «Fáltales el gobierno de nuestra Orden. Hasta que no le tengan no me parece está hecho nada. Así se lo he significado a sus altezas; [Isabel Clara Eugenia y el príncipe Alberto] y a los que nos piden más fundaciones, que no haré ninguna hasta que estén por aquí vuestras reverencias, que son muy deseados en estas tierras»[62]. Continúa mostrándole las facilidades que darán para la fundación de Descalzos el archiduque y el nuncio. Y ella misma envía doscientos ducados para los gastos de los frailes fundadores. Por otra letra sabemos que en la primavera de 1610 vendrán los frailes Carmelitas Descalzos. «Han escrito que vendrán seis, y por superior de ellos, con orden del Papa, el padre fray Tomás de Jesús, que ahí es bien conocido». El P. Tomás de Jesús (Sánchez Dávila). Fue provincial y definidor general de la Congregación española. Fue llamado a Roma por el papa Paulo V. Pasó a pertenecer a la Congregación italiana. El Papa le manda como fundador de conventos de Carmelitas Descalzos a Francia, Flandes y Alemania.

También escriben con la misma intención al papa, Paulo V. El 15 de octubre de 1609 el papa Paulo V, por medio de un Breve, manda al P. Tomás de Jesús que vaya a fundar conventos de Descalzos a Francia y Flandes para que tomen bajo su obediencia a las Descalzas, tanto de Francia como de Flandes.

Sabemos que la madre Ana de Jesús padecía de gota. Así lo narra: «Que así puedo yo pasar con este mi mal de gota, dejando muchas cosas regaladas que me envían Sus Altezas; que me daría gusto comerlas y no oso, porque no me crezcan los dolores y me tulla como otras personas, que de ordinario están impedidas con este mal, que es peor cuando le regalan y dejan de hacer ejercicio y trabajar. Desde que salí de España no me

---

[62]  BMC, 29, A Ferdinando de santa María, OCD, Roma. Bruselas 8 de octubre de 1608.

Talla de la Beata Ana de Jesús con el corazón.

había sangrado hasta ahora»[63]. Es consciente de que tiene que cuidar su alimentación y hacer un poco de ejercicio. A partir de esta fecha comenzarán sus achaques.

El tema de la jurisdicción es esencial para Ana de Jesús. Ella quería seguir bajo la jurisdicción del general de la Congregación española. Las otras descalzas en Flandes quedarán dentro de la jurisdicción del general de la Congregación italiana. Con estas palabras nos muestra este dato que era fundamental para ella. «Que ya hemos procurado lo que se nos ha aconsejado de tener breve de Su Santidad para que los prelados de Italia no nos puedan estorbar el volver a España las que vinimos, cuando pareciere a cada una, ni los de allá a ir al convento donde profesamos»[64]. Juan de Quintanadueñas, que había sido el superior de las monjas en Flandes, renuncia a su gobierno y lo deja en manos de los Carmelitas Descalzos.

La faceta de editora de la madre Ana de Jesús sigue en marcha. Antes y en 1607 se editan en francés las Constituciones de las Carmelitas tal y como fueron aprobadas en el Capítulo de Alcalá (1581). En 1608 por una carta a Diego de Guevara sabemos que le pide que diga al P. Basilio Ponce de León, sobrino de fray Luis de León, que traduzca el libro de la *Vida* de santa Teresa al latín. En 1610 sale la primera edición impresa en castellano del Libro de las *Fundaciones* de la madre Teresa de Jesús, con el anexo escrito por Ana de Jesús sobre la fundación de Granada. Esta edición denominada Príncipe se la debemos al P. Jerónimo Gracián y a la madre Ana de Jesús. Así también edita en 1613, junto al conde de Anover, Rodrigo Lasso Nuño, la *Vida en imágenes de santa Teresa de Jesús*, realizada por Adriano Collaerd y Cornelio Galle.

---

[63]  BMC, 29. A Basilio Ponce de León, Salamanca. Bruselas, 1 de junio de 1610, p. 240.
[64]  BMC, 29, A Diego de Guevara, OSA, Salamanca. Bruselas, 21 de septiembre de 1610, p. 243.

Este mismo año se publican las estampas de san Juan de la Cruz en Amberes.

El 24 de abril de 1610 sale el P. Tomás de Jesús de Roma para fundar en Francia y Flandes. Irá acompañado de dos frailes franceses, dos españoles, un italiano, un alemán y un hermano donado. El 25 de agosto llegan a Bruselas todos los frailes, excepto los franceses que quedan en Francia. El 7 de septiembre los frailes fundan su convento de Bruselas que queda erigido canónicamente el 29 de septiembre. La fundación de frailes queda recogida en unas escuetas palabras de la beata Ana de Jesús. «Dímosla en presencia del nuncio [la jurisdicción], después que el padre fray Tomás de Jesús, con cinco religiosos que trae consigo, habían fundado su convento en esta ciudad, que parece ha de ser de gran gloria de Dios su venida aquí y en Francia»[65].

En 1611 siguen sus problemas de salud. «La causa de tanto silencio es la falta de mi salud: ha más de tres meses que no la tengo un solo día, y así no puedo acudir a Dios ni a los amigos; falto a todos y a mí, de manera que pienso algunas veces vivo como sin alma, según la poca cuenta que tengo de lo que debo»[66]. Se lo dice a su amigo y confidente el fraile agustino Diego de Guevara. En la misma misiva vuelve otra vez a mostrar su deseo de volver a España. «Más si nuestros frailes no trataren de hacer más fundaciones de nosotras, sin duda nos volveremos, que para lo hecho no somos menester, y es bien ir a morir entre católicos».

En 1611, 19 de marzo, las Carmelitas de Bruselas se trasladan al nuevo monasterio que fue construido a expensas de los soberanos de Flandes, Isabel Clara Eugenia y el archiduque Alberto. Estas son las impresiones de la Beata sobre el nuevo cenobio. «En viendo a Su Alteza de la Infanta [Isabel Clara Eugenia] haré lo que

---

[65]  Ibídem, p. 244.
[66]  BMC, 29, p. 247.

vuestra reverencia me manda. ¡Oh, si viese qué linda casa nos han hecho aquí! No tiene otra falta, sino ser tan demasiada para nosotras. Ha desde el día de nuestro padre San José que estamos en ella, aunque la iglesia no está acabada. Es lo ahora la que ha *de ser* der nuestro coro, que bastaba por iglesia. Toda la vida hacemos coro en el que ha de ser *de profundis*. De renta y capellanes está bien dotada. Y nuestros Descalzos ya han comenzado a edificar su casa en el mejor sitio que ningún convento de los que hay aquí». Y narra, con harto interés y agradecimiento la presencia del P. Jerónimo Gracián, otrora Carmelita Descalzo y ahora Carmelita, a secas. Palabras que traslucen el amor filial entre santa Teresa, Gracián y la beata Ana. «Nuestro padre Gracián los quiere y ayuda harto [a los Descalzos]. Él está en su convento de Calzados siempre predicando y haciendo bien a las almas imprimiendo libros. Los de nuestra Santa Madre hemos traducido en tantas lenguas, francesa, flamenca, inglesa, alemana y latín e italiana»[67].

En este año también llega a Mons la beata Ana de San Bartolomé, deja Paris y se convierte en priora de Mons.

Curioso, cuando menos, es constatar cómo en muchas de las cartas destinadas a monjas carmelitas descalzas que viven en España, se preocupa por ellas, por su salud, en definitiva por el estado de la Orden en España. Sirva este texto para constatar esta apreciación: «Y vuestra reverencia, madre mía, avísenos de su salud, que nos tiene con cuidado. Y díganos cómo está en Medina del Campo una monja de Arévalo, que se llama Inés de Jesús que lo desea saber aquí su hermano don Gabriel. La nuestra Juana del Espíritu Santo dirá quién es; y si la hiciesen escribir, sería mejor». Termina la misiva diciendo «que estoy acabadísima de la vista»[68].

---

[67] BMC, A Francisca de las Llagas, OCD, en Consuegra. Bruselas, 28 de septiembre de 1611, p. 249.

[68] BMC, 29, A Beatriz del Sacramento, OCD, en Salamanca. Bruselas, 20 de febrero de 1612, pp. 254-255.

En 1612 la beata Ana de Jesús es elegida por segunda vez priora de Bruselas. En este año salen con destino a **Cracovia** y como fundadoras de dicho monasterio, varias monjas del monasterio de Bruselas. También en este y en el mes de octubre la beata Ana de San Bartolomé pasa unos días en Bruselas y de ahí salen camino de **Amberes**, para realizar una nueva fundación teresiana.

En 1613 comienza el calvario físico de la beata Ana de Jesús. Serán siete años de enfermedades: hidropesía, parálisis y temblor de nervios… Ella misma nos muestra cómo se encuentra a finales de 1615, su deterioro es grande: «…de día y de noche me hago pedazos y no hay un punto de sosiego. Sólo me dejan oír misa cada día y recibir a Su divina Majestad, llevándome en peso a la ventanica de comulgar y allí me estoy desmembrando de dolores y temblores»[69].

Otro buen número de cartas se conservan, pero no de Ana de Jesús, sino de la infanta Isabel Clara Eugenia, soberana de Flandes, a la monja descalza. El arco cronológico data de 1606 a 1620. Los príncipes eran soberanos, después de la muerte del archiduque (1621), Isabel Clara Eugenia será gobernadora. Son siete las misivas que vamos a resumir brevemente para constatar la importancia que tuvieron los soberanos de Flandes en la instauración y mantenimiento de la Orden del Carmen Descalzo en Flandes. En la primera carta de este período de 1613 a 1620 la infanta se congratula por el retrato que las monjas han mandado hacer de la madre Teresa de Jesús, «hemos holgado infinito con él». Y muestra su preocupación que en el tema «de los confesores también espero se acabará bien; y no quedará por no procuraros

---

[69] BMC, 29, A Diego de Guevara, OSA, en Salamanca. Bruselas, 25 de noviembre de 1615, p. 257.

siempre el descanso de espíritu que os deseo»[70]. Sabemos que a finales del año de 1613 el general de la Congregación italiana, el español Juan de Jesús María, escribe a todas las monjas de Flandes y Polonia y las informa que «ha parecido conveniente dar licencia para que VV. RR. hagan como en España, esto es: que puedan hablar con otros religiosos de otras órdenes con licencia de la madre priora; y que puedan confesarse también con otros religiosos, señalando el padre prior 4 o 5 religiosos de los más espirituales, y doctos que haya en esa ciudad, para que, cuando fuese de su consuelo, puedan confesarse con ellos, pidiendo licencia a la madre para llamarlos»[71].

La princesa de Flandes confiesa a Ana de Jesús que estaría encantada de ir a las fiestas por la Beatificación de Teresa de Jesús, a la «que yo espero podremos llamar presto Santa». Y pide oraciones con estas palabras: «A todas me encomendad mucho»[72]. En verano de 1614 escribe dos misivas a la madre Ana de Jesús. En la primera le informa de cómo ha puesto en libertad a una monja descalza que había sido forzada a entrar en el monasterio. No sabemos ni qué monja ni en qué convento. «Yo hallo que lo que se ha hecho en ponerla en libertad ha sido para bien y honra de esa casa, por lo que todo el mundo decía que la habían hecho entrar por la fuerza. Pues si nuestro Señor la llama de veras, a tiempo está de decir su voluntad». Comprobamos cómo la infanta se preocupa por las carmelitas y su fineza espiritual en apelar a la libertad de conciencia. En la segunda se muestra contenta ya que las Carmelitas de Bruselas han admitido a una vocación de Holanda. «…y en que os traiga buenas hijas. Y espero lo será esta holandesa. Y así teniendo las partes que piden las Constituciones,

---

[70] BMC, 29, La infanta Isabel Clara Eugenia, Marimont, 1613, a Ana de Jesús en Bruselas, p. 391.

[71] BMC, 29, p. 392.

[72] BMC, 29, La infanta Isabel Clara Eugenia, Lieja o Tervueren, finales de septiembre de 1614, a Ana de Jesús en Bruselas, p. 393.

como parece las tiene, la podéis recibir en el nombre de Dios»[73]. La madre Ana de Jesús, dadas las circunstancias, tiene a bien admitir a conversas. Vemos el cambio de su mentalidad y como adecúa su conciencia al espacio cultural y religioso en el que vive. Confiesa la infanta que su marido, siempre lo llama su primo, el archiduque Alberto, tiene gota al igual que Ana de Jesús. Este hecho lo refiere en casi todas las letras que dirige a la madre Ana. Las cartas traslucen una profunda intimidad entre la infanta y las carmelitas descalzas. «No me decís cómo estáis, y todas. Con la supriora tengo de reñir […] con todo, dadle mis encomiendas y las demás»[74]. Anuncia a las religiosas la muerte del emperador Matías de Alemania: «…teniendo por cierto que el emperador está gozando de Nuestro Señor y que alcanzará mejor el remedio de las cosas de Alemania»[75]. La última carta de la infanta sirve para constatar cómo las monjas españolas estaban al tanto de la política en España. De manera sutil, la infanta informa de la caída del duque de Lerma como valido de Felipe III a las carmelitas de Bruselas: «La jornada de Lerma me ha dado mucha pena, si fue secreta, pero no lo puedo acabar de creer, aunque por otro cabo, todo se puede creer. Dios nos tenga de su mano»[76]. En definitiva, esta correspondencia nos muestra la intimidad que existía entre la Patrona y soberana de Flandes y las Carmelitas Descalzas.

El 17 de abril de 1614, Gregorio XV, con el breve *Cum pridem* excluye del gobierno de las Carmelitas Descalzas de Francia al nuncio de dicho país y a los Carmelitas Descalzos. Se lo otorga definitivamente a monseñor Bérulle y a sus sucesores en el gobierno del Oratorio. También en este año se producen dos

---

[73] BMC, 29, pp. 394-395.
[74] BMC, Isabel Clara Eugenia, La Bura, después del 20 de marzo de 1619, a Ana de Jesús en Bruselas, pp. 396- 397.
[75] Ibídem.
[76] BMC, Isabel Clara Eugenia, Bruselas, después del Corpus de 1620, a Ana de Jesús en Bruselas, p. 400.

hechos muy importantes en la biografía de nuestra Beata: el 24 de abril es proclamada beata la madre Teresa de Jesús y se concluye e inaugura solemnemente la iglesia de las Carmelitas Descalzas de Bruselas.

En 1615, el general de la Orden de la Congregación italiana, P. Ferdianado de Santa María visita a los Carmelitas Descalzos de Flandes. Confirma a la beata Ana de Jesús como priora de Bruselas, por tercera vez, y a petición de los príncipes. Al año siguiente, 1616, ella misma se queja de tener que ser priora, ya que se siente una inválida. Estas son sus palabras: «¡Oh, si me viera, cómo sé que se enterneciera más que los amigos de Job!; que él podía con su teja limpiarse y yo con mi impedimento no es posible. Y son estas hermanas tan bobas, que se alegran de tener una priora que la traen en peso. No sé, señor y padre mío, para qué Dios quiere esto y estarme siempre desmembrando. Sírvase Su divina Majestad de ello, que mil veces me canso de quejarme y así procuro cuando puedo estar en soledad y silencio»[77]. Sigue narrando sus dolencias. Pareciera que no solo es enfermedad corporal, sino también espiritual. Parece haber entrado en una especie de noche oscura o sequedad del espíritu. Hay muchas referencias a esto en los últimos años, y en las últimas cartas que de ella conservamos el dolor y la enfermedad se manifiestan de una manera constante. Sirvan estos dos ejemplos para cerciorar su grave enfermedad el primero y su sequedad espiritual, el segundo. «Ahora, Señor, todo es padecer con excesivos dolores y males, que espanta poder vivir. Más ha de cuatro años que no es posible estar una hora en la cama, ni dormir sino muy de cuando en cuando, ni andar sino arrastrando como culebra por el suelo; y siempre me estoy quemando, aunque sea tiempo de mucho hielo, sin poder sufrir ropa ninguna. Tiéneme encogidísima los

---

[77] BMC, 29, a Diego de Guevara, OSA, en Salamanca. Bruselas, 2 de marzo de 1616, p. 260.

dolores. No me puedo servir de ninguno de mis miembros, porque se ha juntado la gota con hidropesía y ciática y perlesía universal, que siempre estoy temblando. Y muchos ratos la lengua tan impedida, que no puedo hablar palabra»[78]. «Sólo me dejan oír misa y comulgar, más tan sin espíritu, como si no tuviera alma»[79].

El 30 de octubre de 1616 se funda el monasterio de Malinas por medio de la M. Leonor de San Bernardo. Este mismo año, el 23 de diciembre, muere el P. Cristóbal de Lobera, jesuita y hermano carnal de la Beata.

En 1617 se celebra Capítulo general de la Congregación italiana que se divide en cinco provincias. Una de ellas será la de Flandes que tendrá como su primer provincial al español P. Tomás de Jesús.

La madre Ana de Jesús es reelegida como priora de Bruselas por cuarta vez, a petición de los príncipes de Flandes y de la propia comunidad carmelitana, esto ocurría en 1618. Al año siguiente se funda en Amberes el monasterio de las carmelitas descalzas inglesas, con el apoyo de las dos beatas: Ana de San Bartolomé y Ana de Jesús y el apoyo incondicional de Isabel Clara Eugenia y su marido, Alberto de Austria.

La última carta[80] que conservamos es del 21 de febrero de 1621 y está destinada a su primo, obispo de Osma, Cristóbal de Lobera y Torres, que anteriormente había sido de Badajoz y posteriormente lo sería de Pamplona, Córdoba, para terminar sus días en la sede de Plasencia, donde murió el 21 de octubre de 1632. La carta puede ser un buen resumen de la vida de Ana de Jesús. En primer lugar le anima a que no haga casa de

---

[78] BMC, 29, A don Cristóbal de Lobera, obispo. Fragmentos, Bruselas, 1617, p. 274.
[79] BMC, 29, A don Cristóbal de Lobera, obispo. Fragmentos, Bruselas, 1618, p. 279.
[80] BMC, 29, A don Cristóbal de Lobera, obispo en el Burgo de Osma. Bruselas 21 de febrero de 1621, pp. 285-286.

las beatas y de personas iluminadas y alumbradas tan en boga por aquellas centurias, con estas palabras: «Harto se lo suplico le fortalezca en su gracia y o deje de dar oídos a esas beatas, que entre sus revelaciones hay muchas desviaciones. Para lo que Dios permitiere el demonio que nos tiene el mayor remedio es *cui resistere fortes in fide*, porque él anda por ponernos en cuidados excusados». En segundo lugar desea que se haga un monasterio de los de la madre Teresa, en su última carta habla de ella, se siente hija de ella, y como tal quiere que se haga un convento en su tierra de adopción: Plasencia. «Yo, si no me muero, ayudaré desde acá, que sólo esto nos falta en Plasencia a los Loberas: juntar las memorias que están repartidas de nuestros antepasados. Para eso ha Dios hecho obispo a Vuestra Señoría y le dará con que lo haga, aunque no se venda trigo. Y haciendo iglesia de santa Teresa, se hará convento; que la Santa Madre no quiere estar sin sus hijas; y así es menester hacerla donde tengan vistas de campo y anchura para huerta y agua. Esto se me ha encajado de manera que parezco a la beata». Frase esta última que es una fina ironía de la ahora beata de la Iglesia. En tercer lugar le habla de la enfermedad que padece desde hace años: «Estoy apretadísima con mis dolores, en mi vida los he tenido tan grandes como hoy». En cuarto lugar nos muestra lo que para ella es la amistad, que manifiesta a través de su correspondencia con Diego de Guevara, Beatriz de la Concepción, la infanta Isabel Clara Eugenia y ahora al final de su vida, con su primo obispo, por eso le dice: «Yo, primo mío, no tengo cosa en esta vida que tanto quiera y desee ver en la tierra y en el cielo. Ordénelo Dios por su misericordia y haga nos escriba más a menudo Vuestra Señoría…». Y por último, y no menos importante, nos presenta una de las facetas más importantes de la beata Ana de Jesús: Fundadora. «Señor, las cosas de la Religión crecen mucho en estas tierras. Deseo saber cómo procede lo de Badajoz [fundación que se hizo en 1733] y de mis señoras primas, no se acuerda Vuestra Señoría de decirme de sus mercedes».

La Beata Ana de Jesús en el lecho de muerte. Carmelo de Bruselas.

«En Bruselas, 25 de febrero de 1621. Señor y padre mío, de Vuestra Señoría Ilustrísima muy sierva y súbdita. Ana de Jesús».

1621 será el año de la muerte de la Beata. En febrero se agrava su estado de salud con inflamación de la garganta, hidropesía, temblor continuo y parálisis total de todos los miembros. El 2 de marzo se confiesa por última vez la Beata, con el carmelita descalzo, P. Hilario de san Agustín, quien le administra la Unción de los Enfermos. El 4 de marzo recibe el viático y muere después de una larga y muy dolorosa enfermedad, a los 75 años, tres meses y ocho días de haber nacido. Una monja tullida de la comunidad, Juana del Espíritu Santo, es curada instantáneamente al besar los pies de la difunta. El 6 de marzo de 1621 se celebra el funeral por su eterno descanso. Es presidido por el P. Hilario de San Agustín y predica en él, el P. Tomás de Jesús. La música es ofrecida por la Capilla de las Altezas de Flandes.

El sermón fúnebre se lo debemos al P. Tomás de Jesús. Es una pieza de oratoria sagrada al estilo del barroco. Comienza alabando a la beata Ana de Jesús con estas palabras: «Hoy celebramos las exequias, o por mejor decir el feliz tránsito y muerte y juntamente las singulares virtudes, de la madre Ana de Jesús, priora de este convento, madre y fundadora no solo de este convento, sino de otros muchos que ha fundado en España, Francia y estos estados: religiosa verdaderamente digna de que todo el mundo conozca y sepa su vida, la cual toda ha sido santa y de singular ejemplo. Y para que podamos decir esto sin escrúpulo, ha sido nuestro Señor servido, después de su muerte conformar la santidad de su vida con un singular y manifiesto milagro, que ha sucedido después de su muerte…». Después de poner una buena cantidad de ejemplos de cómo los santos lloraban la muerte de otros santos, de los que resume su vida. «Así parece que Dios ha hecho con la buena madre Ana de Jesús, que después de cincuenta años de religión, casi ochenta de edad, después de ser sazonada con la continua mortificación y penitencia, a cabo de tan larga peregrinación, cuece Dios la fruta del alma y pone en el plato celestial de la gloria».

Narra posteriormente algunos aspectos de su vida ya estudiados en esta biografía y muestra las virtudes de la Beata. La primera es la prudencia. «Hubo admirable prudencia, más divina que humana, como se echa de ver en tratar tantos negocios arduos de tantas fundaciones de monasterios como hubo entre manos. No hubo dificultad que se pusiese delante que no la venciese y sobrepujase». Posteriormente habla de la fortaleza. Divide según santo Tomás la fortaleza en dos partes. La primera en acometer los peligros y dificultades con mucho ánimo. «La Madre tenía un ánimo más que varonil; el sexo era de mujer y el pecho de varón. Grande ánimo fue el que mostró en salir de España y resolverse venir a fundar en Francia, sin arrimo de religiosos de la Orden, debajo de la obediencia de unos clérigos franceses, que aunque siervos de Dios, no eran conocidos de la Madre». La segunda parte en que santo Tomás divide la fortaleza es en el padecer. «Va para seis años que la Madre ha padecido unos continuos y excesivos dolores, una perlesía y temblores, un fuego que interiormente la abrasaba, de tal manera que de día ni de noche no la dejaba reposar; no podía acostarse en la cama, era necesario que estuviese asentada y que la fuesen mudando toda la noche de un lugar a otro». Termina el P. Tomás de Jesús, en este apartado de las virtudes, afirmando que: «Fue muy humilde y obediente, como yo experimenté en muchas ocasiones, y muy puntual cuando pudo en la observancia de su Regla y Constituciones».

Posteriormente nos explica cómo vivió la Beata las virtudes teologales. Su fe era grande «acerca de todas las cosas de nuestra fe, una reverencia grande todas las ceremonias de la Iglesia. Resplandeciendo en ella una singular devoción acerca del Santísimo Sacramento del Altar». Nunca dejó de comulgar. «La caridad fue ardentísima así acerca de Dios como del prójimo». «Juntaba todas las limosnas que podía y las enviaba a los pobres de la cárcel. Hacía grandes diligencias para librar a los que podía.

Arca sepulcral de la Beata Ana de Jesús. Carmelo de Bruselas.

Sepulcro actual. Carmelo de Bruselas.

Testigos son Vuestras Altezas [dato que nos muestra la presencia de los príncipes de Flandes en las exequias] de las continuas intercesiones que hacía por ellos, las cuales miradas con ojos de carne, si no cayeran en tales príncipes, se podían llamar más importunaciones que intercesiones». De la virtud teologal de la esperanza el fraile carmelita no dice nada.

Termina este sermón fúnebre con una noticia que nos muestra el hecho de que los frailes españoles no querían que fuese la madre Ana de Jesús la que fuera a fundar a Francia. Ella, como hemos visto, plantó cara al vicario general en el tema de la Consulta y de las Constituciones. Era una monja incómoda para los frailes. «Cuando trató la Orden de enviar religiosas a Francia, en que viniese la madre Ana de Jesús entre ellas; y así, por ciertas razones, el padre general y definidores habían determinado que la Madre no viniese en Francia. No obstante este decreto, ella me escribió una carta, estando yo en Pastrana con el padre general, en que me decía que Dios quería que viniese en Francia y que así sin falta vendría; y que se lo dijese al Padre. Todo sucedió después como la Madre los había profetizado»[81]. El sermón concluye con estas palabras en lengua latina: *Complebit labores illius*.

*Él terminara su trabajo*. Estas proféticas palabras nos sirven para resumir el trabajo que fue llevado a cabo para subir a la madre Ana de Jesús a los altares. De 1621 a 1642 se abre en Malinas, Tournai, Cambrai, Arras y Amberes el Proceso Ordinario para la beatificación y canonización de la madre Ana de Jesús. Las deposiciones se realizaron hasta 1642 pero el Proceso quedó paralizado. Será en la segunda mitad del siglo XX cuando se vuelva a abrir su proceso hasta llegar al día 14 de diciembre de 2023, en el cual el papa Francisco aprobó la beatificación de Ana de Jesús que se produjo en Bruselas el 29 de septiembre de 2024.

---

[81] BMC, Tomás de Jesús sobre Ana de Jesús, Sermón en el funeral, Bruselas, 6 de marzo de 1621, pp. 401-408.

# LA VISIÓN DE SANTA TERESITA

Hemos visto que Ana de Jesús siguió la estela de santa Teresa de Jesús y de san Juan de la Cruz. No deja de ser curioso cómo la santa más grande de los tiempos modernos, nos referimos a la carmelita descalza francesa, santa Teresa del Niño Jesús, también conocida como santa Teresita de Lisieux, vio con los ojos del alma, a la entonces venerable y ya beata Ana de Jesús. Esta es su experiencia[82], igual la lectura de este hecho por el papa actual, Francisco, ferviente devoto de santa Teresa del Niño Jesús, tenga algo que ver en su beatificación.

> «El día siguiente era el 10 de mayo, segundo *domingo* del mes de María, quizás aniversario de aquel día en que la Santísima Virgen se dignó *sonreírle* a su florecita[83]...
>
> A las primeras luces del alba, me encontraba (en sueños) en una especie de galería. Había en ella varias personas más, pero alejadas. Sólo nuestra Madre estaba a mi lado.
>
> De pronto, sin haber visto cómo habían entrado, divisé a tres carmelitas, vestidas con sus capas y con los

---

[82] Teresa de Lisieux, *Obras Completas*, 4.ª ed., Trad. Manuel Ordóñez Villarroel, Monte Carmelo, 2015, pp. 299-301.

[83] En 1883, el segundo domingo de mayo fue el día 13, no el 10.

velos grandes. Me pareció que venían por nuestra Madre, pero lo que entendí claramente fue que venían del cielo.

Yo exclamé en lo hondo del corazón: ¡Cómo me gustaría ver el rostro de una de esas carmelitas! Y entonces la más alta de las santas, como si hubiese oído mi oración, avanzó hacia mí. Al instante caí de rodillas.

Y, ¡oh, felicidad!, la carmelita se quitó el velo, o, mejor dicho, lo alzó y me cubrió con él[84]. Sin la menor vacilación, reconocí a la Venerable Madre Ana de Jesús, la fundadora del Carmelo en Francia.

Su rostro era hermoso, de una hermosura inmaterial. Ningún rayo salía de él; y sin embargo, a pesar del velo que nos cubría a las dos, yo veía aquel rostro celestial iluminado con una luz inefablemente suave, luz que el rostro no recibía sino que él mismo producía...

No puedo decir la alegría de mi alma; estas cosas se sienten, pero no se pueden expresar... Varios meses han pasado desde este dulce sueño; pero el recuerdo que dejó en mi alma no ha perdido nada de su frescor ni de su encanto celestial... Aún sigo viendo la mirada y la sonrisa *llenas* de *amor* de la Venerable Madre. Aún creo sentir las caricias de que me colmó[85].

---

[84] Gesto de protección y de bendición, frecuente en las Poesías y en las Recreaciones Piadosas, gracias a las alas de los ángeles y a veces al manto de María. Ése es también con frecuencia el sentido del verbo *esconder* (cf. MS/NEC 2rº,24+). Dos días antes había tenido lugar la toma de velo negro de una novicia a la que Teresa quería mucho, María de la Trinidad.

[85] Consuelos sensibles, de los que Teresa tenía tanta necesidad y que no se atrevía a pedir.

...Al verme tan tiernamente amada, me atreví a pronunciar estas palabras: «Madre, dime, por favor, si Dios me dejará todavía mucho tiempo en la tierra... ¿Vendrá pronto a buscarme...?». Sonriendo con ternura, la Santa murmuró: «Sí, pronto, pronto... Te lo prometo». «Madre, añadí, dime también si Dios no me pide tal vez algo más que mis pobres pequeñas acciones y mis deseos. ¿Está contento de mí?». El rostro de la santa adoptó una expresión *incomparablemente más tierna* que la primera vez que me habló. Su mirada y sus caricias eran la más dulce de las respuestas. Sin embargo, me dijo: «Dios no te pide ninguna otra cosa. Está contento, ¡muy contento...!».

Y después de volver a acariciarme con mucho más amor con que nunca lo hizo con su hijo la más tierna de las madres, la vi alejarse... Mi corazón rebosaba de alegría, pero me acordé de mis hermanas y quise pedir algunas gracias para ellas. Pero, ¡ay..., me desperté!...

¡Jesús!, ya no rugía la tormenta, el cielo estaba en calma y sereno... Yo *creía, sabía* [86] que hay un cielo, y que ese cielo está poblado de almas que me quieren[87] y que me miran como a hija suya...

Esta impresión sigue grabada en mi corazón. Curioso, pues la Venerable Madre Ana de Jesús me había sido hasta entonces *del todo indiferente*, nunca la había

---

[86] *Sabía* [Teresa escribe «*je sentais*»: sentía] –en el sentido de saber por experiencia, de tener una experiencia personal, vivida– es una expresión frecuente en Teresa: diecinueve veces en el Ms B.

[87] Este sueño conforta a Teresa, dándole la seguridad de que hay un cielo, objeto de duda lacerante para ella durante los últimos dieciocho meses; un cielo en el que «*también se sabe amar*» (Ms A 44rº), en el que los bienaventurados a los que todavía no conoces te aman «*como a hija suya*».

invocado, y su pensamiento sólo me venía a la mente cuando oía hablar de ella, lo que ocurría raras veces.

Por eso, cuando comprendí hasta qué punto *me quería ella a mí* y qué poco *indiferente* le era yo a ella, mi corazón se deshizo en amor y gratitud, y no sólo hacia la santa que me había visitado, sino también hacia todos los bienaventurados moradores del cielo...

¡Amado mío!, esta gracia no era más que el preludio de otras gracias mayores con que tú querías colmarme. Déjame, mi único Amor[88], que te las recuerde hoy..., hoy, sexto aniversario de *nuestra unión*... Y perdóname, Jesús, si digo desatinos al querer expresarte mis deseos, mis esperanzas que rayan el infinito, ¡¡¡perdóname y cura mi alma dándole lo que espera[89]...!!!

---

[88] En el dintel de la puerta de su celda Teresa grabó (¿quizás en esta época?) esta frase: «*Jesús es mi único amor*».

[89] Un eco, sin duda, de la canción 11 del *Cántico Espiritual*.

# BIBLIOGRAFÍA

## Sus grandes biógrafos

Fr. Ángel Manrique (1577-1649), natural de Burgos y catedrático de prima en Salamanca, predicador real, general de la Orden de San Bernardo y obispo de Badajoz (1645-1649). Escribió los *Anales Cistercienses* y también tenía dotes de arquitecto. A él se debe el diseño de la famosa escalera del colegio de San Bernardo de Salamanca. El título de la obra dedicada a la Beata es: *La venerable Ana de Jesús discípula, y compañera de la S. M. Teresa de Jesús y principal aumento de su Orden, fundadora de Francia y Flandes, dirigida a la serenísima infanta Doña Isabel Clara Eugenia,* Bruselas, año MDCXXXII (1632).

P. Bertoldo Ignacio de Santa Ana. II Definidor General de 1881 a 1889. Primeramente edita una buena guía de los documentos procesales de la M. Ana que llamó *Tableau Chronologique des principaux términoiges... de la vénérable mère Anne de Jèsus,* Bruselas, 1872. A él debemos el libro en dos tomos de *La vida de la Madre Ana de Jesús.* Escrita en francés y publicada en Malinas el año de 1876. También fue traducida al italiano por el P. Costanzo dell`Inmacolata Concezione en Siena, 1888. La obra del P. Bertoldo fue traducida al castellano por una carmelita descalza anónima y publicada en Burgos en 1901.

El P. Silverio de Santa Teresa en su monumental obra *Historia del Carmen Descalzo*, escribe una breve biografía de Ana de Jesús, en su volumen VIII, pp. 486-515.

El año de 1968 el P. Ildefonso Moriones publica su tesis doctoral: *Ana de Jesús y la herencia teresiana. ¿Humanismo cristiano o rigor primitivo?*, Roma, Teresianum, 1968. La primera recensión a esta obra se la debemos al P. Alberto Pacho en Monte Carmelo 76 (1968) pp. 322-327. La última obra escrita por I. Moriones es *Ana de Jesús (1545-1621) Beata*, Pamplona, 2021.

De 1996 es la edición preparada por Antonio Fortes y Restituto Palmero, *Ana de Jesús. Carmelita Descalza. Escritos y documentos*, Biblioteca Mística Carmelitana (BMC), vol. 29, Burgos, 1996.

Beata Ana de Jesús

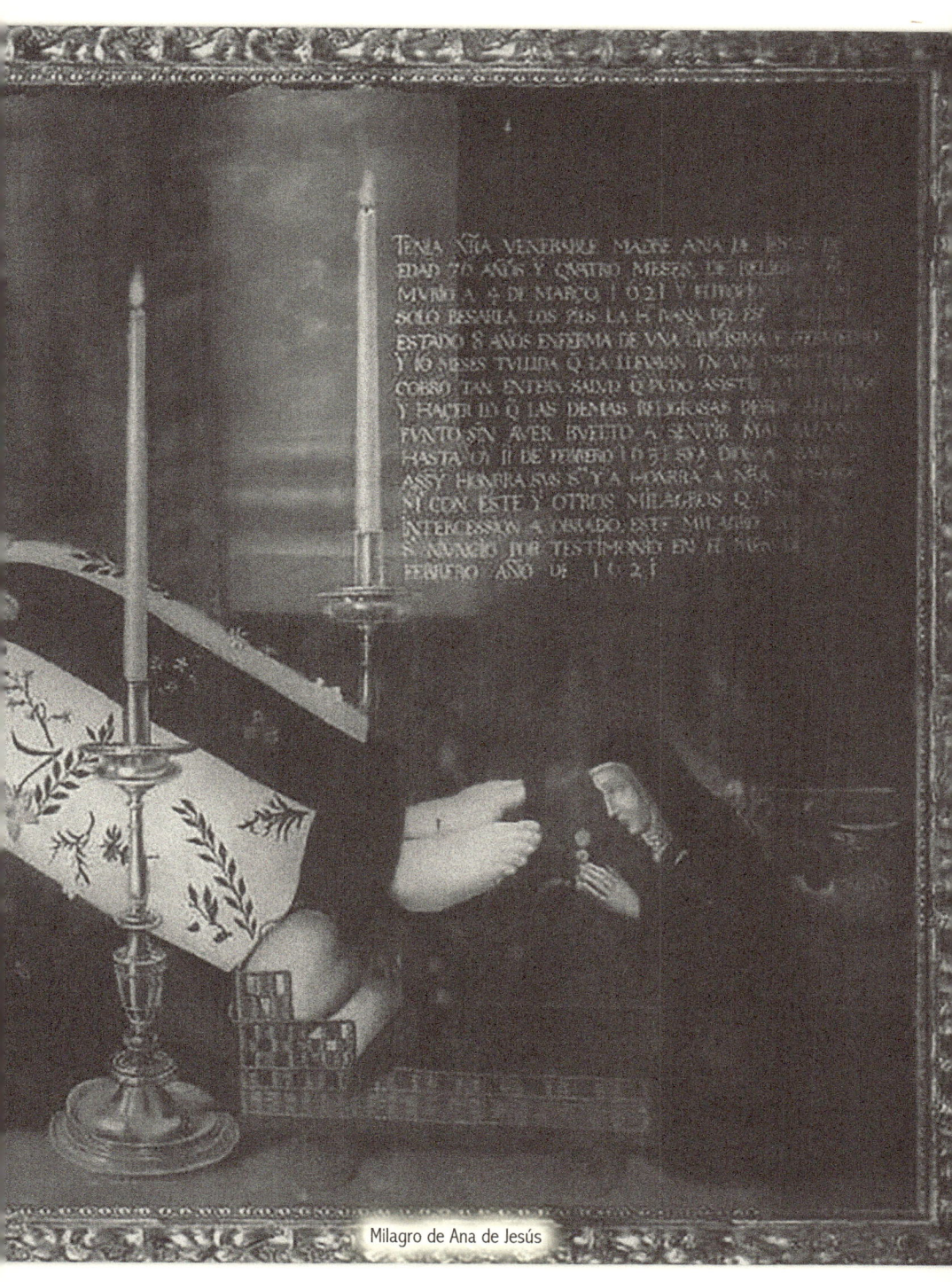

Milagro de Ana de Jesús